Dr. Oetker
Saucen-Buch

Dr. Oetker
Saucen-Buch

Ceres-Verlag
Rudolf-August Oetker KG
Bielefeld

© Copyright 1983 by Ceres-Verlag
Rudolf-August Oetker KG, Bielefeld

Buchgestaltung Agentur für Werbung und Marketing
ATS GmbH, Bielefeld

Titel-Foto Christiane Pries, Steinhagen

Innenfotos Christiane Pries, Steinhagen
Foto-Studio Teubner, Füssen
Der Fotograf, Bielefeld
Studio Büttner, Bielefeld
Brigitte Wegner, Bielefeld
Arnold Zabert, Hamburg

Manuskript und
Rezepte Wolfgang Helmentag, Gütersloh
Versuchsküche Dr. August Oetker,
Bielefeld

Satz Mengensatz Wäsch KG, Hannover

Reproduktionen Pörtner & Saletzki, Bielefeld

Herstellung E. Gundlach KG, Bielefeld

1. Auflage

ISBN 3-7670-0179-9

Geheimnis der feinen Kochkunst sind heute mehr und mehr die leckeren Saucen. In diesem Buch erfahren Sie, wie Sie warme Saucen, Salatsaucen, abgeschlagene Saucen, aber auch süße Saucen besonders delikat zubereiten können. Denn in puncto Saucen spielen frische Kräuter, exotische Gewürze, ein Schuß Wein oder Cognac und Crème fraîche eine wichtige Rolle. Wer die Saucen-Zubereitung beherrscht, wird jedem Gericht eine unvergleichliche Note geben. Wir haben alle Rezepte übersichtlich gegliedert und leicht verständlich beschrieben, damit Ihnen alles sofort und gut gelingt.

Ihr Ceres-Verlag

Inhaltsverzeichnis

Grundfonds   15

Grundsaucen   21

Tomatensaucen 63

Abgeschlagene Saucen 75

Mayonnaise-Saucen 83

Salatsaucen, Dressings und Salatmarinaden 91

Sonstige kalte Saucen 103

Buttermischungen 115

Grillsaucen und Dips 121

Dessertsaucen

ALLGEMEINES

Warme Saucen

Die Grundlage der warmen, salzigen Saucen ist im allgemeinen die helle oder dunkle Mehlschwitze. Sie wird mit Fleisch-, Knochen- oder Gemüsebrühe aufgefüllt. Die Grundsauce kann mit verschiedenen Zutaten gewürzt und verändert werden.

Um warme, helle Saucen zu verfeinern, sie mit Eigelb abziehen (legieren): Dazu 1 Eigelb mit 2 Eßl. Milch oder Sahne verschlagen. Langsam einige Eßl. der heißen Sauce hinzugeben — ohne mit dem Schlagen auszusetzen — zuletzt das Eigelb unter Rühren an die heiße, aber nicht mehr kochende Sauce geben. Dabei ebenfalls tüchtig rühren und darauf achten, daß die Sauce nicht anfängt zu kochen, da das Eigelb sonst gerinnt. Wenn warme Saucen mit saurer Sahne, Crème fraîche, Kondensmilch, Zitronensaft, Wein, Senf, Meerrettich oder feinen Kräutern abgeschmeckt werden sollen, dürfen die Saucen nach Zugabe dieser Zutaten nicht mehr kochen, da sie dadurch geschmacklich beeinträchtigt würden.

Werden heißen Saucen frische gehackte Kräuter zugegeben, so geschieht dieses immer erst am Ende der Zubereitung. Damit die Vitamine und Spurenelemente vollständig erhalten bleiben, darf die Sauce nicht mehr kochen und die Verweildauer der Kräuter in der heißen Sauce nicht zu lange sein. Ausnahmen: wenn intensiver Kräutergeschmack erwünscht wird.

Ist eine Sauce zu dünn geworden und soll nicht mit Mehl oder Speisestärke gebunden werden, so läßt man sie im offenen Topf so lange einkochen, bis sie die gewünschte Konsistenz (Dicklichkeitsgrad) hat.

Muß eine Sauce längere Zeit heiß gehalten werden, sollte sie vor dem Servieren unbedingt noch einmal abgeschmeckt werden.

Saucen lassen sich problemslos mehrere Tage im Kühlschrank aufbewahren. Vor der Verwendung werden sie unter ständigem Rühren langsam erhitzt und erneut abgeschmeckt.

Übrigens für 4 Personen rechnet man etwa 375 ml (⅜ l) Sauce.

Kalte Saucen

Für kalte Saucen werden im allgemeinen Öl, Sahne und Eier mit Zitronensaft oder Essig und Salz zu einer glatten Emulsion gerührt oder geschlagen, ehe die würzigen Beigaben hinzugegeben werden.

Diese Saucen passen besonders gut zu kaltem Fleisch und Fisch. Aber auch Salate und Rohkostgemüse können damit gebunden werden.

Salatsaucen mit Essig, Wein oder Zitronensaft werden bekömmlicher, wenn etwas Zucker hinzugefügt wird. Weine, die man selbst nicht trinken würde, bitte auch nicht zur Sauce verwenden, lieber von der guten Sorte etwas weniger nehmen, das bringt mehr.

Werden Saucen mit Spirituosen (Weinbrand, Whisky, Cognac) abgeschmeckt, wird der Alkohol zuletzt hinzugefügt, damit das Aroma erhalten bleibt.

Süße Saucen

Die Herstellung der süßen Saucen ist einfach. Sie bestehen aus Milch, Saft oder Wein und werden mit Speisestärke oder Ei gebunden.

Das Bindemittel (z. B. Speisestärke) mit kaltem Wasser anrühren, dann in die kochende Flüssigkeit geben. Soll die Sauce mit Eigelb abgezogen werden, sind die Angaben im 2. Absatz, Seite 12 zu beachten.

Abgeschlagene Saucen

Werden Saucen im Wasserbad abgeschlagen, so sollte dieses Wasser niemals kochen, sondern immer kurz unterhalb des Siedepunktes (ca. 90 Grad) bleiben, andernfalls würden die zur Bindung nötigen Eier in den Buttersaucen gerinnen. Gegebenenfalls kann das Wasserbad mit etwas kaltem Wasser gekühlt werden.

Ist eine warm abgeschlagene Sauce geronnen, kann ihre gewünschte Konsistenz wiederhergestellt werden, wenn man

a) die Sauce durch ein sehr feines Sieb streicht oder im Mixer verrührt oder
b) einen zerstoßenen Eiswürfel in einen Topf gibt und die geronnene Sauce tröpfchenweise unter kräftigem Rühren hinzufügt.

Gebundene Saucen

Saucen aus Mehlschwitzen oder Saucen, die mit Mehl gebunden werden, sollten lange genug köcheln (etwa 5 Min.), damit das Mehl ausquellen kann und die Sauce nicht danach schmeckt.

Damit helle oder dunkle Saucen glänzend-glatt werden, schwenkt bzw. rührt man zuletzt ein Stückchen Butter darunter.

Helle Saucen werden mit einem Schuß Sahne, Kondensmilch, Crème fraîche oder Crème double verfeinert. Das Mehl für dunkle Saucen nicht zu stark bräunen, da es dann leicht bitter schmeckt.

Ist eine mit Mehl gebundene Sauce zu dünn geraten, kann sie mit Mehlbutter nachgebunden werden. Mehlbutter wird durch Verkneten von Mehl und Butter zu gleichen Teilen hergestellt. In kleinen Mengen in die Sauce geben und kräftig verschlagen, aufkochen lassen.

Ist eine Sauce zu fettig, so kann das ein Zeichen dafür sein, daß das Verhältnis Mehl zu Fett nicht gestimmt hat. Diese Sauce muß entfettet werden und dann evtl. noch mit in kaltem Wasser angerührtem Mehl gebunden werden.

Soll sich auf einer Sauce keine Haut bilden:
a) die heiße Saucenoberfläche ganz dünn mit Fett beträufeln; später das Fett unterrühren
oder
b) die heiße Sauce mit feuchtem Pergamentpapier oder Klarsichtfolie oder auch Alufolie abdecken.

Die Zugabe von Portwein, Madeira, Rotwein oder Worcestersauce macht dunkle Saucen noch würziger.

Soll eine gebundene Sauce tiefgekühlt werden, muß sie nach dem Erhitzen erneut gebunden werden, denn die Bindung wird durch die Kälte zerstört, sie „zerfriert". Es ist deshalb empfehlenswert, solche Saucen überhaupt erst nach dem Auftauen zu binden.

Mayonnaise-Saucen

Um das Gerinnen einer Mayonnaise zu verhindern, sollten Öl und Eier die gleiche Temperatur haben. Also: Eier rechtzeitig aus dem Kühlschrank nehmen.

Geronnene Mayonnaise kann wiederhergestellt werden, wenn man tröpfchenweise 1 Teel. kaltes Wasser unterrührt.

Grundfonds

Grundfonds sind der Grundstock jeder hellen oder dunklen Sauce. Der erstellte Grundfond kann portionsweise in der Tiefkühltruhe eingefroren und bei Bedarf verwendet werden. Andererseits hält die Lebensmittelindustrie Bratensäfte und Fleischextrakte bereit, die als Fertigprodukte erhältlich sind.

Extrakt / Essenz

Einen Extrakt bzw. eine Essenz bekommt man, wenn ein Fond, z. B. ein Grundfond. um etwa ⅓ reduziert (eingekocht) wird. Er ist im Kühlschrank etwa 2 Wochen haltbar.

Glace – Fleischglace, Fischglace, Geflügelglace

Eine Glace bekommt man, wenn ein Fond, z. B. ein Grundfond etwa zur Hälfte, sirupartig reduziert (eingekocht) wird. Er ist im Kühlschrank etwa 1 Monat haltbar.

Heller Kalbs-Grundfond

1 kg Kalbfleisch oder Kalbsknochen	waschen, abtrocknen
¼ Sellerieknolle 1 Stange Porree 1 Petersilienwurzel	die Zutaten putzen, waschen, kleinschneiden
2 Lorbeerblätter 10 weiße Pfefferkörner	
2 l Wasser	alle Zutaten in zum Kochen bringen, zwischendurch immer wieder abschäumen, bis auf etwa 1 l Flüssigkeit einkochen lassen, durch ein Sieb gießen

Kochzeit:	Etwa 2½ Stunden. Einmal zubereitet, läßt er sich zur späteren Verwendung portionsweise am besten tiefgekühlt aufbewahren.

Heller Fisch-Grundfond

30 g Pflanzenfett	zerlassen
etwa 500 g bis 1 kg Fischhaut, -gräten und Fischköpfe	waschen, abtropfen lassen
1 Bund Suppengrün	putzen, waschen, kleinschneiden
1 Lorbeerblatt 1 Teel. schwarze Pfefferkörner gerebeltem Thymian	
	alle Zutaten in dem Fett andünsten
250 ml (¼ l) Weißwein	hinzugießen, so lange kochen lassen, bis die Flüssigkeit verdampft ist
2 l Wasser	hinzugießen, zum Kochen bringen, zwischendurch immer wieder abschäumen, bis auf 1 l Flüssigkeit einkochen lassen, durch ein Sieb gießen
Kochzeit:	Etwa 1 Stunde. Einmal zubereitet, läßt er sich zur späteren Verwendung portionsweise am besten tiefgekühlt aufbewahren.

Brauner Hammel- oder Lamm- Grundfond

75 g durch- wachsenen Speck	in kleine Würfel schneiden, in
30 g Pflanzen- fett	auslassen
1 kg Hammel- oder Lamm- knochen oder Hammel- oder Lammabschnit- te (Parüren)	waschen, abtrocknen, in dem Fett anbraten
2 Zwiebeln	abziehen, fein würfeln
1 Bund Suppen- grün	putzen, waschen, kleinschneiden die beiden Zutaten hinzufügen, mitbräunen lassen
50 g Tomaten- mark	hinzufügen, miterhitzen
2 l Wasser	hinzugießen, zum Kochen bringen, bis auf 1 l Flüssigkeit einkochen lassen, durch ein Sieb gießen
Kochzeit:	Etwa 2½ Stunden. Einmal zubereitet, läßt er sich zur späteren Verwendung portionsweise am besten tiefgekühlt aufbewahren.

Heller Geflügel- Grundfond

1 kg Geflügel- klein (Flügel, Hals, Herz, Magen)	waschen, abtropfen lassen,
1 Bund Suppen- grün	putzen, waschen, kleinschneiden
1 Zwiebel	mit
1 Nelke 1 Lorbeerblatt	spicken alle Zutaten in
125 ml (⅛ l) Weißwein 2 l kaltem Wasser	langsam zum Kochen bringen, während des Kochens immer wieder abschäumen, bis auf 1 l Flüssigkeit einkochen lassen, durch ein Sieb gießen
Kochzeit:	Etwa 2½ Stunden. Einmal zubereitet, läßt er sich zur späteren Verwendung portionsweise am besten tiefgekühlt aufbewahren.

Brauner Kalbs- Grundfond

30 g Pflanzen- fett	zerlassen
Fleisch- oder Suppenknochen vom Kalb	waschen, abtrocknen, in dem Fett

bitte umblättern

	anbraten
2 Zwiebeln	abziehen, fein würfeln
1 Bund Suppen-grün	putzen, waschen, kleinschneiden die beiden Zutaten hinzufügen, mitbräunen lassen
30 g Tomaten-mark	hinzufügen, miterhitzen
2 l Wasser	hinzugießen, zum Kochen bringen, bis auf 1 l Flüssigkeit einkochen lassen, durch ein Sieb gießen
Kochzeit:	Etwa 2½ Stunden. Einmal zubereitet, läßt er sich zur späteren Verwendung portionsweise am besten tiefgekühlt aufbewahren.

Brauner Geflügel-Grundfond

30 g Pflanzen-fett	zerlassen
1 kg Geflügel-klein (Flügel, Mägen, Rücken)	waschen, abtrocknen, in dem Fett anbraten
2 Zwiebeln	abziehen, fein würfeln
1 Bund Suppen-grün	putzen, waschen, kleinschneiden die beiden Zutaten hinzufügen, mitbräunen lassen
30 g Tomaten-mark	hinzufügen, miterhitzen
2 l Wasser	hinzugießen, zum Kochen bringen, bis auf 1 l Flüssigkeit einkochen lassen, durch ein Sieb gießen

| **Kochzeit:** | Etwa 2½ Stunden. Einmal zubereitet, läßt er sich zur späteren Verwendung portionsweise am besten tiefgekühlt aufbewahren. |

Brauner Rinder-Grundfond

(Abb. nebenstehend)

75 g durch-wachsenen Speck	in kleine Würfel schneiden, in
30 g Pflanzen-fett	auslassen
1 kg Fleisch- oder Suppen-Knochen vom Rind	waschen, abtrocknen, in dem Fett anbraten
2 Zwiebeln	abziehen, fein würfeln
1 Bund Suppen-grün	putzen, waschen, kleinschneiden die beiden Zutaten hinzufügen, mitbräunen lassen
30 g Tomaten-mark	hinzufügen, miterhitzen
2 l Wasser	hinzugießen, zum Kochen bringen, bis auf 1 l Flüssigkeit einkochen lassen, durch ein Sieb gießen
Kochzeit:	Etwa 2½ Stunden. Einmal zubereitet, läßt er sich zur späteren Verwendung portionsweise am besten tiefgekühlt aufbewahren.

Brauner Wild-Grundfond

150 g durchwachsenen Speck	in kleine Würfel schneiden, in
30 g Pflanzenfett	auslassen
Wildabschnitte (Parüren)	waschen, abtrocknen, in dem Fett anbraten
2 Zwiebeln	abziehen, fein würfeln
1 Bund Suppengrün	putzen, waschen, kleinschneiden die beiden Zutaten hinzufügen, mitbräunen lassen
½ Teel. gerebelten Rosmarin **½ Teel. Wacholderbeeren** **3 Pimentkörner (Nelkenpfeffer)**	hinzufügen, miterhitzen
2 l Wasser	hinzugießen, zum Kochen bringen, bis auf 1 l Flüssigkeit einkochen lassen, durch ein Sieb gießen
Kochzeit:	Etwa 2½ Stunden. Einmal zubereitet, läßt er sich zur späteren Verwendung portionsweise am besten tiefgekühlt aufbewahren.

Brauner Schweine-Grundfond

75 g durchwachsenen Speck	in kleine Würfel schneiden, in
30 g Pflanzenfett	auslassen
1 kg Schweinefleischknochen	waschen, abtrocknen, in dem Fett anbraten
2 Zwiebeln	abziehen, fein würfeln
1 Bund Suppengrün	putzen, waschen, kleinschneiden die beiden Zutaten hinzufügen, mitbräunen lassen
30 g Tomatenmark	hinzufügen, miterhitzen
2 l Wasser	hinzugießen, zum Kochen bringen, bis auf 1 l Flüssigkeit einkochen lassen, durch ein Sieb gießen
Kochzeit:	Etwa 2½ Stunden. Einmal zubereitet, läßt er sich zur späteren Verwendung portionsweise am besten tiefgekühlt aufbewahren.

Grundsaucen

Um die Vielfalt der Saucenzubereitung
zu zeigen, sind in diesem Kapitel typische
Grundrezepte der bekanntesten Saucenarten
enthalten.

Tomatensauce

1 kleine Zwiebel	abziehen
30 g roher Schinken	
	beide Zutaten in kleine Würfel schneiden
250 g Tomaten	waschen, in Stücke schneiden
20 g Butter oder Margarine	zerlassen, die Schinkenwürfel dann anbraten Zwiebelwürfel und Tomatenstücke darin andünsten, mit
30 g Weizenmehl	bestäuben, kurz miterhitzen
375 ml (⅜ l) Kochflüssigkeit oder hellen Grundfond, S. 16/17	hinzugießen, mit einem Schneebesen durchschlagen, darauf achten, daß keine Klumpen entstehen die Sauce zum Kochen bringen, etwa 5 Minuten kochen lassen, durch ein Sieb streichen, mit
Salz, Pfeffer Zitronensaft Zucker Tomatenmark	würzen.
Veränderung:	Anstelle von frischen Tomaten geschälte Tomaten (etwa 300 g) aus der Dose verwenden. Tomatensaft evtl. mit Wasser auf 375 ml (⅜ l) auffüllen.

Sauce Hollandaise

(Abb. nebenstehend)

200 g Butter	zerlassen, etwas abkühlen lassen
4 Eigelb	mit
6 Eßl. Weißwein	im Wasserbad so lange schlagen, bis die Masse dicklich ist die Butter nach und nach unterschlagen, die Sauce mit
Salz, Pfeffer Zucker Zitronensaft	würzen, bis zum Verzehr im Wasserbad warm halten, damit sie nicht gerinnt
Erhitzungszeit:	Etwa 6 Minuten.

Dunkle Grundsauce

20 g Butter oder Margarine	zerlassen
35 g Weizenmehl	unter Rühren so lange darin erhitzen, bis es hell- bis dunkelbraun ist
375 ml (⅜ l) Kochflüssigkeit oder braunen Grundfond, S. 17 – 20	hinzugießen, mit einem Schneebesen durchschlagen darauf achten, daß keine Klumpen entstehen die Sauce zum Kochen bringen, etwa 5 Minuten kochen lassen, mit
Salz Pfeffer	würzen.

Vanillesauce

1 Päckchen Soßen-Pulver Vanille-Geschmack	mit
50 g (2 gut ge-häufte Eßl.) Zucker	
1 Päckchen Vanillin-Zucker	mischen, mit 5 Eßlöffeln von
750 ml (¾ l) kal-ter Milch	
1 Ei	unterrühren

die übrige Milch zum Kochen bringen, von der Kochstelle nehmen, die angerührte Mischung unter Rühren hineingeben, kurz aufkochen lassen, kalt stellen, ab und zu umrühren.

Helle Grundsauce

20 g Butter oder Margarine	zerlassen
25 g Weizen-mehl	unter Rühren so lange darin erhitzen, bis es hellgelb ist
375 ml (⅜ l) Kochflüssigkeit oder hellen Grundfond, S. 16/17	hinzugießen, mit einem Schneebesen durchschlagen, darauf achten, daß keine Klumpen entstehen
	die Sauce zum Kochen bringen, etwa 5 Minuten kochen lassen, mit
Salz, Pfeffer	würzen.

Salatsauce

(Abb. nebenstehend)

1 Zwiebel	abziehen, fein würfeln, mit
4 – 5 Eßl. Salatöl	
1 Teel. Kräuter-Essig-Essenz (25 %)	
4 Teel. Wasser	verrühren, mit
Salz, Pfeffer	
Zucker	abschmecken
1 Eßl. gehackte Kräuter	unterrühren.
Veränderung:	1 rote Peperonischote (aus dem Glas) entkernen, in Ringe schneiden; 1 Teel. Kapern hacken, beide Zutaten unter die Salatsauce rühren.

Grillsauce, klassisch

1 – 2 Knob-lauchzehen	abziehen, fein würfeln, mit
1 Becher (150 g) Crème fraîche	
2 Eßl. Joghurt	
1 – 2 Eßl. Toma-ten-Ketchup	verrühren, mit
Salz, Pfeffer	
Paprika edelsüß	würzen
2 Eßl. feinge-schnittenen Schnittlauch	
1 Eßl. gehackte, glatte Petersilie	unterrühren.
Empfehlung:	Zu frischen Salaten oder gegrilltem Fleisch reichen.

Frühlings-Dip

100 g Mager-quark	mit
100 g Frisch-käse	
½ Becher (150 g) Crème fraîche	verrühren, mit
Salz, Pfeffer	abschmecken
3 – 4 Eßl. ge-hackte Kresse-blättchen	unterrühren.
Empfehlung:	Zu Gemüse-Rohkost oder neuen Kartoffeln reichen.

Mayonnaise

Alle Zutaten müssen die gleiche Temperatur haben, am besten lauwarm sein; sollte das Öl zu kalt sein, es in der geöffneten Dose (Flasche) etwa 5 Minuten in warmes Wasser stellen

1 Eigelb	mit
Salz	in einer Rührschüssel mit einem Schneebesen oder mit einem elektrischen Handrührgerät mit Rührbesen zu einer dicklichen Masse schlagen, erst dann tropfenweise unter ständigem Schlagen
125 ml (⅛ l) Speiseöl	hinzufügen zunächst nur die Hälfte der vorgeschriebenen Ölmenge nehmen ist die Masse steif, erst

1 Teel. Essig oder Zitronen-saft	hinzufügen, dann den Rest des Öls hinzufügen sollte die Mayonnaise gerinnen, 1 Teel. kaltes Wasser tropfenweise unter ständigem Schlagen dazugeben oder 1 Eigelb gut verrühren, die geronnene Mayonnaise langsam darunter geben.
Veränderung:	Unter die Mayonnaise 1 Teel. Senf, etwas saure oder süße Sahne oder Joghurt rühren.

Cocktailsauce

1 Becher (150 g) Crème fraîche	mit
3 Eßl. Tomaten-Ketchup	
2 Eßl. Weißwein	
1 Eßl. Wein-brand	
1 Teel. geriebe-nem Meerret-tich (aus dem Glas)	
gemischten, ge-hackten Kräu-tern	verrühren, mit
Salz	
frisch gemahle-nem Pfeffer	
Cayennepfeffer	würzen.

Dunkle Saucen

Die Herstellung von dunklen Saucen ist sehr vielfältig und erfordert Phantasie und Fingerspitzengefühl. Das richtige Gewürz — ein Glas Wein, ein Lorbeerblatt — rundet die Sauce ab und gibt ihr das gewisse Etwas. Zur Herstellung von dunklen Saucen aus Bratensatz kann Brühe oder Wasser verwendet werden, das ergibt Bratensud.
Für die Saucenzubereitung bei dunklen Saucen ohne vorhandenen Bratensud muß der vorher zubereitete Grundfond, S. 16 – 20 oder Instant-Bratensauce verwendet werden.

Grüne Pfeffersauce

(Abb. nebenstehend)

250 ml (¼ l) Rinder-Grund-fond, S. 18	zum Kochen bringen
1 Becher (150 g) Crème fraîche	
2 Eßl. grünen Pfeffer	unterrühren, zum Kochen bringen, etwa 5 Minuten kochen lassen, mit
Salz Madeira	würzen.
Empfehlung:	Zu Rinderfilet reichen.

Braune Senfsauce

(Abb. Titel)

375 ml (⅜ l) Rinderbraten-sud oder brau-nen Rinder-Grundfond, S. 18	zum Kochen bringen,
2 Eßl. Senf 3 Eßl. Rotwein 3 Eßl. saure Sahne	unterrühren, die Sauce mit
Salz, Zucker Zitronensaft	würzen
1 Teel. gehack-te Kräuter (z. B. Petersilie, Kresse)	hinzufügen
Kochzeit:	3 – 5 Minuten.
Empfehlung:	Zu Rinderschmorbraten oder Kalbsbraten reichen.

Madeirasauce

1 mittelgroße Zwiebel	abziehen
50 g Schinkenspeck	
	beide Zutaten in kleine Würfel schneiden
½ Bund Suppengemüse	putzen
2 mittelgroße Tomaten	
	die Zutaten waschen, kleinschneiden den Schinkenspeck auslassen, Suppengemüse und Tomaten darin andünsten
40 g Margarine	zerlassen
50 g Weizenmehl	
	unter Rühren so lange darin erhitzen, bis es fast dunkelbraun ist die Zwiebelwürfel erst zugeben, wenn das Mehl leicht gebräunt ist
500 ml (½ l) Fleischbrühe	hinzugießen, mit einem Schneebesen durchschlagen, darauf achten, daß keine Klumpen entstehen Schinken, Suppengemüse, Tomaten in die Sauce geben, zum Kochen bringen, etwa 30 Minuten kochen lassen, durch ein Sieb gießen, mit
Salz Zitronensaft Zucker	würzen
4 Eßl. Madeira	hinzufügen.
Empfehlung:	Zu gekochter Kalbszunge reichen.

Braune Estragonsauce

2 kleine Zwiebeln	abziehen, fein schneiden
20 g Butter oder Margarine	zerlassen, die Zwiebelstücke darin andünsten, mit
2 Eßl. Weißwein	ablöschen
2 Eßl. feingehackten Estragon	hinzufügen, zum Kochen bringen, zur Hälfte einkochen lassen, mit
375 ml (⅜ l) Kalbsbratensud oder braunem Kalbs-Grundfond, S.17	auffüllen, zum Kochen bringen, etwa 10 Minuten kochen lassen die Sauce nach Belieben durch ein Sieb gießen oder so verwenden, mit
Salz, Pfeffer	würzen
Garzeit:	Etwa 15 Minuten.
Empfehlung:	Zu Kalbsteak oder Kalbsbraten reichen.

Feine Duxellessauce

1 Zwiebel	abziehen, fein würfeln
200 g Champignons	putzen, waschen, fein hacken
1 Eßl. Speiseöl	mit
20 g Butter oder Margarine	erhitzen, Zwiebelwürfel,

30

	Champignons hinzufügen, andünsten, mit
Salz, Pfeffer	würzen
375 ml (⅜ l) **Geflügelbraten-** **sud oder brau-** **nen Geflügel-** **Grundfond,** **S. 18**	hinzugießen, zum Kochen bringen
1 Teel. **Tomatenmark**	unterrühren, nach Belieben
2 Eßl. Weißwein	hinzufügen, zum Kochen bringen, etwa 10 Minuten kochen lassen die Sauce mit Salz, Pfeffer abschmecken, mit
feingehackter **Petersilie**	bestreut servieren
Garzeit:	Etwa 20 Minuten.
Empfehlung:	Zu Hähnchenbrust oder Truthahnschnitzel reichen.

Feine braune Estragonsauce

	Von
5 Estragon- **stengeln**	die Blätter abzupfen, fein hacken, beiseite stellen, die Stengel mit
125 ml (⅛ l) **Weißwein** **2 Eßl. Estragon-** **essig** **Zucker** **3 zerdrückten** **Pfefferkörnern**	zum Kochen bringen, zur Hälfte einkochen lassen, mit

375 ml (⅜ l) **Rinderbraten-** **sud oder brau-** **nem Rinder-** **Grundfond,** **S. 18**	auffüllen, zum Kochen bringen, etwa 10 Minuten kochen lassen die Sauce durch ein Sieb gießen, mit
Salz, Pfeffer	würzen die feingehackten Estragonblätter,
20 g Butter	unterrühren
Kochzeit:	25 – 30 Minuten.
Empfehlung:	Zu geschmorten Rindersteaks oder Rumpsteaks reichen.

Trüffelsauce

125 ml (⅛ l) **Madeira**	zum Kochen bringen, zur Hälfte einkochen lassen, mit
250 ml (¼ l) **Rinderbraten-** **sud oder brau-** **nem Rinder-** **Grundfond,** **S. 18**	auffüllen, zum Kochen bringen, etwa 10 Minuten kochen lassen den Topf von der Kochstelle nehmen
20 g gehackte **Trüffel**	
50 g Butter	unterrühren die Sauce mit
Salz, Pfeffer	würzen
Kochzeit:	Etwa 15 Minuten.
Empfehlung:	Zu Rinderfilet oder Tournedos reichen.

Robertsauce

20 g Butter	zerlassen
35 g Weizen-mehl	unter Rühren so lange darin erhitzen, bis es hell- bis dunkelbraun ist
375 ml (⅜ l) Schweine-bratensud oder braunen Schweine-Grundfond, S. 20	hinzugießen, mit einem Schneebesen durchschlagen, darauf achten, daß keine Klumpen entstehen die Sauce zum Kochen bringen, etwa 5 Minuten kochen lassen, von der Kochstelle nehmen
1 Zwiebel	abziehen, fein würfeln
1 Möhre	putzen, schrappen, waschen, in feine Würfel schneiden
30 g Butter	zerlassen, Zwiebel- und Möhrenwürfel,
1 Eßl. feinge-schnittenen Schnittlauch	darin andünsten, mit
1 Eßl. Wein-essig	
4 Eßl. Weißwein	ablöschen, die Flüssigkeit zur Hälfte einkochen lassen, zu der braunen Sauce geben, einmal aufkochen lassen die Sauce mit Weißwein,
Salz, Pfeffer Zucker 1 Eßl. Senf	würzen
Garzeit:	Etwa 20 Minuten.
Empfehlung:	Zu gegrillten Koteletts reichen.

Braune Zwiebelsauce

5 mittelgroße Zwiebeln	abziehen, in feine Streifen schneiden
40 g Butter oder Margarine	zerlassen, die Zwiebelstreifen darin hellgelb dünsten lassen, im geschlossenen Topf in etwa 15 Minuten weich dünsten lassen, durch ein Sieb streichen
250 ml (¼ l) Rinderbraten-sud oder brau-nen Rinder-Grundfond, S. 18	mit dem Zwiebelpüree verrühren
125 ml (⅛ l) Rotwein	hinzugießen, zum Kochen bringen, etwa 5 Minuten kochen lassen, mit würzen, nach Belieben mit abschmecken
Salz, Pfeffer Paprika edelsüß	
Kochzeit:	20–25 Minuten.
Empfehlung:	Zu gekochtem und gebratenem Rindfleisch reichen.

Kirschensauce, pikant

(Abb. nebenstehend)

250 g Sauer-kirschen	waschen, entstielen, entsteinen
375 ml (⅜ l) Wildbratensud oder Wild-	

32

Grundfond, S. 20	zum Kochen bringen, die Kirschen darin weich kochen lassen
30 g Butter oder Margarine	zerlassen
20 g Weizenmehl	unter Rühren so lange darin erhitzen, bis es hell- bis dunkelbraun ist, den Bratensatz mit den Kirschen hinzugießen, mit

einem Schneebesen durchschlagen, darauf achten, daß keine Klumpen entstehen die Sauce zum Kochen bringen, etwa 5 Minuten kochen lassen, mit

Salz Zucker Zitronensaft	würzen
Garzeit:	Etwa 20 Minuten.
Empfehlung:	Zu Hirsch- oder Rehkeule reichen.

Pikante Sauce

1 Zwiebel	abziehen, fein würfeln
20 g Butter oder Margarine	zerlassen, die Zwiebelwürfel darin hellgelb dünsten, mit
125 ml (⅛ l) Weißwein	ablöschen
1 Eßl. feingehackte Kapern	
1 Eßl. feingehackte Estragonblättchen	
1 Eßl. Senf	
1 Eßl. Tomatenmark	
Zucker	hinzufügen, mit
Essig	abschmecken, zum Kochen bringen, etwa 15 Minuten kochen lassen, mit
250 ml (¼ l) Schweinebratensud oder braunem Schweine-Grundfond, S. 20	auffüllen, zum Kochen bringen
2 Gewürzgurken	fein hacken, in die Sauce geben, einmal aufkochen lassen, mit
Salz, Pfeffer feingehackter Petersilie	würzen, mit bestreut servieren
Garzeit:	Etwa 25 Minuten.
Empfehlung:	Zu Schweinebraten oder Schweinesteaks reichen.

Nordische Wildsauce

375 ml (⅜ l) Wildbratensud oder Wild-Grundfond, S. 20	zum Kochen bringen
2 – 3 Eßl. Preiselbeerkompott	unterrühren, zum Kochen bringen, 3 – 5 Minuten kochen lassen die Sauce mit
Salz, Pfeffer Zitronensaft gemahlenem Rosmarin Worcestersauce	würzen.
Empfehlung:	Zu Rehmedaillons oder Rehsteaks reichen.

Schinkensauce

200 g gekochten Schinken	in kleine Würfel schneiden
20 g Butter oder Margarine	zerlassen, die Schinkenwürfel darin anbraten
375 ml (⅜ l) Hammelbratensud oder braunen Hammel-Grundfond, S. 17	hinzugießen, zum Kochen bringen, etwa 5 Minuten kochen lassen die Sauce mit

Salz, Pfeffer	würzen
3 – 4 Eßl. Port-	
wein	unterrühren
Kochzeit:	Etwa 8 Minuten.
Empfehlung:	Zu Lammbraten oder
	Hammelrücken reichen.

Italienische Sauce (Sauce italienne)

(Abb. nebenstehend)

1 Zwiebel	abziehen, fein würfeln
150 g Champi-	
gnons	putzen, waschen, fein hacken
1 Eßl. Olivenöl	erhitzen, die Zwiebelwürfel, die
	Champignons darin andünsten
150 g rohen	
Schinken	kleinschneiden, hinzufügen,
	miterhitzen, mit
3 Eßl. Weißwein	ablöschen, zum Kochen bringen,
	zur Hälfte einkochen lassen, mit
375 ml (⅜ l) Ge-	
flügelbratensud	
oder braunem	
Geflügel-Grund-	
fond, S. 18	auffüllen
1 Teel. Toma-	
tenmark	hinzufügen, zum Kochen bringen,
	5 – 6 Minuten kochen lassen, mit
Salz, Pfeffer	würzen, mit
feingehackter	
Petersilie	bestreut servieren
Garzeit:	Etwa 20 Minuten.
Empfehlung:	Zu Puten- oder Hähnchenkeulen
	reichen.

Sauce Diavolo

1 Zwiebel	abziehen, fein würfeln
125 ml (⅛ l) Weißwein	mit den Zwiebelwürfeln,
1 Eßl. Essig	
1 Eßl. Wasser	
1 Eßl. fein- gehackter Petersilie	
1 Eßl. fein- gehackten Estragon- blättchen	
1 gestrichenen Teel. grob gemahlenem Pfeffer	zum Kochen bringen, zur Hälfte einkochen lassen
375 ml (⅜ l) Geflügelbraten- sud oder brau- nen Geflügel- Grundfond, S. 18	hinzugießen, zum Kochen bringen
1 Teel. Tomatenmark	unterrühren, zum Kochen bringen, etwa 5 Minuten kochen lassen die Sauce mit
Salz, Pfeffer Worcestersauce Cayennepfeffer	würzen
20 g Butter	unterrühren
Kochzeit:	Etwa 20 Minuten.
Empfehlung:	Zu Hähnchen, Enten und Tauben reichen.

Apfelsinen- Brombeer-Sauce

(Abb. nebenstehend)

250 g Brom- beeren	verlesen, waschen, in wenig Wasser kurze Zeit erhitzen, durch ein feines Sieb streichen unter das Brombeermus
100 ml trocke- nen Rotwein	
½ Teel. Senf- pulver	
abgeriebene Schale von ½ Apfelsine (unbehandelt)	
gemahlenes Piment (Nelken- pfeffer)	rühren, erhitzen (nicht kochen lassen) die Sauce mit
Weinbrand Angustora bitter	
Salz, Pfeffer Zucker	würzen.
Empfehlung:	Zu Rehmedaillons reichen.

Pikante Johannisbeer- sauce (Abb. nebenstehend)

2 – 3 Zwiebeln	abziehen, fein würfeln
1 Eßl. Butter	zerlassen, die Zwiebelwürfel darin glasig dünsten lassen
100 g rote und schwarze	

Johannisbeeren	verlesen, waschen, abtropfen lassen, entstielen die Hälfte der Beeren zu den Zwiebelwürfeln geben, etwa 5 Minuten mitdünsten lassen		Kochen bringen, durch ein Sieb streichen den Beerenmus wieder zum Kochen bringen, etwas einkochen lassen, mit
125 ml (⅛ l) Fleischbrühe	mit	**Salz Cayennepfeffer**	würzen, die restlichen Johannisbeeren in die Sauce geben, kurz erhitzen.
4 Eßl. Sahne			
1 Eßl. Wein-brand	unter die Beeren rühren, zum	**Empfehlung:**	Zu gebratener Entenbrust reichen.

Jägersauce

(Abb. Titel-Rückseite)

1 kleine Zwiebel	abziehen, fein würfeln
20 g Butter oder Margarine	zerlassen, die Zwiebelwürfel darin hellgelb dünsten
250 g Champignons	putzen, waschen, in feine Scheiben schneiden, hinzufügen, miterhitzen, mit
2 Eßl. Weißwein	ablöschen, einmal aufkochen lassen, mit
375 ml (⅜ l) Wildbratensud oder Wild-Grundfond, S. 20	auffüllen, zum Kochen bringen, etwa 15 Minuten kochen lassen die Sauce mit
Salz, Pfeffer gemahlenem Rosmarin	würzen, mit
1 Eßl. gehackter Petersilie	bestreut servieren
Kochzeit:	Etwa 20 Minuten.
Empfehlung:	Zu Hirschsteaks oder Wildmedaillons reichen.

Pikante Kräutersauce

4 – 6 kleine Schalotten oder Zwiebeln	abziehen, kleinschneiden, mit
125 ml (⅛ l) Weißwein	und den Stengeln von
1 Bd. Petersilie	
1 Bd. Kerbel	
1 Bd. Estragon	(die Blätter abzupfen, feinhacken, beiseite stellen) zum Kochen bringen, zur Hälfte einkochen lassen, durch ein Sieb gießen, mit
375 ml (⅜ l) Schweinebratensud oder braunem Schweine-Grundfond, S. 20	auffüllen, zum Kochen bringen, einmal aufkochen lassen die Sauce mit
Salz, Pfeffer Zitronensaft Zucker	würzen, die feingehackten Kräuter unterrühren
Kochzeit:	Etwa 20 Minuten.
Empfehlung:	Zu warmem Schinken, Kasseler Braten, Fischgerichten, Reis oder Teigwaren reichen.

Wacholdersauce

1 Zwiebel	abziehen, fein würfeln, mit
125 ml (⅛ l) Rotwein	
1 Eßl. zerdrückten Wacholderbeeren	
5 Pfefferkörnern	zum Kochen bringen, zur Hälfte einkochen lassen, mit

250 ml (¼ l) Wildbratensud oder Wild-Grundfond, S. 20	auffüllen, zum Kochen bringen, etwa 10 Minuten kochen lassen, durch ein Sieb gießen, mit würzen
Salz, Pfeffer 125 ml (⅛ l) Sahne 2 – 3 Eßl. Wacholder-schnaps oder Gin	unterrühren
Kochzeit:	15 – 20 Minuten.
Empfehlung:	Zu Hasenkeule oder -rücken reichen.

Braune Champignonsauce

2 Zwiebeln	abziehen, fein würfeln
30 g Butter oder Margarine	zerlassen, die Zwiebelwürfel darin andünsten
100 g Champi-gnons	putzen, waschen, fein hacken, zu den Zwiebelwürfeln geben, mitdünsten lassen, mit
100 ml Weiß-wein	ablöschen, zum Kochen bringen, zur Hälfte einkochen lassen, mit
375 ml (⅜ l) Kalbsbratensud oder braunem Kalbs-Grund-fond, S. 17	auffüllen, zum Kochen bringen

1 Teel. Tomatenmark	unterrühren, zum Kochen bringen, 3 – 4 Minuten kochen lassen die Sauce mit
Salz, Pfeffer feingehackter Petersilie	würzen, mit bestreut servieren
Garzeit:	8 – 10 Minuten.
Empfehlung:	Zu Kalbssteak oder -kotelett reichen.

Zigeunersauce

375 ml (⅜ l) Schweine-bratensud oder braunen Schweine-Grundfond, S. 20	mit
2 Eßl. Tomaten-mark 2 Eßl. Weißwein	verrühren, zum Kochen bringen,
125 g Champi-gnons	putzen, waschen, in feine Streifen schneiden
100 g gekoch-ten Schinken	in kleine Würfel schneiden die beiden Zutaten in die Sauce geben, zum Kochen bringen, etwa 10 Minuten kochen lassen, mit
Salz, Pfeffer	würzen
Kochzeit:	Etwa 15 Minuten.
Empfehlung:	Zu Hackfleisch oder Schweineschnitzel reichen.

Pfeffersauce

1 Zwiebel	abziehen, fein würfeln
125 ml (⅛ l) Rotwein	mit den Zwiebelwürfeln,
1 Eßl. grob- gemahlenem Pfeffer	zum Kochen bringen, zur Hälfte einkochen lassen, mit
375 ml (⅜ l) Wildbratensud oder Wild- Grundfond, S. 20	auffüllen, zum Kochen bringen, etwa 5 Minuten kochen lassen, durch ein Sieb gießen, nach Belieben
1 Teel. Speise- stärke	mit
2 Eßl. kaltem Wasser	anrühren, die Sauce damit binden die Sauce von der Kochstelle nehmen
20 g Butter	unterrühren
Kochzeit:	10 – 15 Minuten.
Empfehlung:	Zu Reh- oder Hirschkeule reichen.

Gurkensauce

1 mittelgroße Zwiebel	abziehen, fein würfeln
20 g Butter oder Margarine	zerlassen, die Zwiebelwürfel darin hellgelb dünsten, mit
3 Eßl. Weißwein	ablöschen
1 Eßl. Senf	unterrühren, mit
375 ml (⅜ l) Schweine-	
bratensud oder braunem Schweine- Grundfond, S. 20	auffüllen, zum Kochen bringen, etwa 10 Minuten kochen lassen die Sauce durch ein Sieb gießen
3 Gewürz- gurken	in feine Streifen schneiden, in die Sauce geben, kurz miterhitzen
Garzeit:	Etwa 15 Minuten.
Empfehlung:	Zu Schweinesteaks oder Schweinenackenbraten reichen.

Feine Fischsauce

(Abb. nebenstehend)

250 ml (¼ l) Fisch-Grund- fond, S. 16	zum Kochen bringen
1 Becher (150 g) Crème fraîche	
3 – 4 Eßl. Toma- ten-Ketchup	unterrühren, zum Kochen bringen, etwa 5 Minuten schwach kochen lassen, mit
Salz Pfeffer	würzen
1 Eßl. gehackte Petersilie	unterrühren.
Empfehlung:	Zu gedünstetem Fisch reichen.

Kreolensauce

2 Zwiebeln	
1 Knoblauch-	
zehe	beide Zutaten abziehen, Zwiebeln fein würfeln, Knoblauchzehe zerdrücken
2 Tomaten	waschen, abtrocknen, in kleine Stücke schneiden
1 rote und	
1 grüne	
Pfefferschote	entstielen, entkernen, waschen, kleinschneiden
2 Eßl. Speiseöl	erhitzen, die Zutaten darin zugedeckt etwa 10 Minuten dünsten lassen, mit
2 – 3 Eßl. Weiß-	
wein	ablöschen, zum Kochen bringen, 5 Minuten kochen lassen, durch ein Sieb streichen
375 ml (⅜ l)	
Rinderbraten-	
sud oder brau-	
nen Rinder-	
Grundfond,	
S. 18	hinzugießen, zum Kochen bringen, 3 – 5 Minuten kochen lassen die Sauce mit
Salz	
Zitronensaft	
Cayennepfeffer	würzen.
Garzeit:	Etwa 20 Minuten.
Empfehlung:	Zu Rinder-Schmorbraten oder geschmorten Steaks reichen.

Andalusische Sauce

1 Zwiebel	abziehen, fein würfeln
3 Eßl. Speiseöl	erhitzen, die Zwiebelwürfel darin andünsten
250 g enthäute-	
te Tomaten	halbieren, entkernen, in kleine Würfel schneiden, zu den Zwiebelwürfeln geben, mitdünsten lassen
1 kleine Knob-	
lauchzehe	abziehen, zerdrücken, hinzufügen, mit
Salz, Pfeffer	würzen, mit
3 Eßl. Weißwein	ablöschen, zum Kochen bringen, zur Hälfte einkochen lassen, mit
375 ml (⅜ l)	
Hammelbraten-	
sud oder brau-	
nem Hammel-	
Grundfond,	
S. 17	auffüllen, zum Kochen bringen, etwa 12 Minuten kochen lassen die Sauce mit Salz, Pfeffer, abschmecken, mit
Zucker	
1 Eßl. fein-	
gehackter	
Petersilie	bestreut servieren
Garzeit:	Etwa 20 Minuten.
Empfehlung:	Zu Hammelkotelett oder Lammkeule reichen.

Helle Saucen

Um die Besonderheit bestimmter Speisen nicht zu über-
decken, empfiehlt es sich, statt einer dunklen einer hellen Sauce den Vorzug zu geben.
Zur Herstellung von hellen Saucen kann Brühe oder
Kochflüssigkeit verwendet werden. Für die Saucenzubereitung ohne Brühe oder Kochflüssigkeit muß der
vorher zubereitete helle Grundfond, S. 16/17 oder
Instant-Fleischbrühe verwendet werden.

Zucchini-Sauce

(Abb. nebenstehend)

500 g Zucchini	waschen, evtl. schälen, halbieren, entkernen, in dünne Streifen schneiden
4 – 5 Eßl. Olivenöl	erhitzen, die Zucchinistreifen hineingeben, mit
Salz 3 Knoblauchzehen	bestreuen, andünsten abziehen, zerdrücken, zu den Zucchini geben, mitdünsten lassen, mit Salz,
frisch gemahlenem Pfeffer gerebeltem Thymian gerebeltem Rosmarin Lemon-Pepper	würzen, bei geschlossenem Topf in etwa 10 Minuten gar dünsten lassen
60 g Gorgonzola-Käse 100 g Frischkäse mit Kräutern 250 ml (¼ l) Sahne	in einen Topf geben, so lange unter Rühren erhitzen, bis eine dickliche Sauce entstanden ist die Flüssigkeit, die sich bei den Zucchini gebildet hat, abgießen, die Zucchini mit Salz, Pfeffer abschmecken
1 Bund feingehackten Dill	unterrühren die Zucchini in die Käse-Sahne-

Sauce geben, vorsichtig unterheben
die Sauce nach Belieben mit Salz, Pfeffer abschmecken

Garzeit:	15 – 20 Minuten.
Empfehlung:	Zu Steaks oder Schnitzel reichen.

Senfsauce

20 g Butter oder Margarine	zerlassen
25 g Weizenmehl	unter Rühren so lange darin erhitzen, bis es hellgelb ist
250 ml (¼ l) Milch 125 ml (⅛ l) Kochflüssigkeit oder hellen Grundfond, S. 16/17	hinzugießen, mit einem Schneebesen durchschlagen, darauf achten, daß keine Klumpen entstehen die Sauce zum Kochen bringen, etwa 5 Minuten kochen lassen
2 schwach gehäufte Eßl. mittelscharfen Senf Salz Zitronensaft Zucker	in die Sauce geben, mit würzen.
Empfehlung:	Zu Eierauflauf oder Fischauflauf reichen.

Cremesauce mit Curry

1 mittelgroße Zwiebel	abziehen, fein würfeln
40 g Butter oder Margarine	zerlassen
30 g Weizenmehl	mit den Zwiebelwürfeln,
2 Teel. Currypulver	unter Rühren so lange erhitzen, bis das Mehl hellgelb ist
250 ml (¼ l) Geflügelkochflüssigkeit oder hellen Grundfond, S. 17	hinzugießen, mit einem Schneebesen durchschlagen, darauf achten, daß keine Klumpen entstehen die Sauce zum Kochen bringen, etwa 5 Minuten kochen lassen
1 Eßl. Apfelmus	unterrühren, miterhitzen
1 Eigelb	mit
125 ml (⅛ l) Sahne	verschlagen, die Sauce damit abziehen (nicht mehr kochen lassen), mit
Salz Pfeffer Zucker Knoblauchsalz	würzen, sofort servieren
Garzeit:	Etwa 7 Minuten.
Empfehlung:	Zu gegrilltem oder gebratenem Geflügel oder zu gedünstetem Fisch reichen.

Butter-Weinbrand-Sauce

80 g Butter	zerlassen, leicht bräunen
1 Eßl. abgezogene, gemahlene Mandeln	hinzufügen, kurze Zeit miterhitzen
1 – 2 Eßl. feingehackte Petersilie	
2 – 3 Eßl. Weinbrand	unterrühren, mit
Salz	würzen die Sauce sofort servieren.
Empfehlung:	Zu allen gekochten Fischarten reichen.

Mornaysauce

1 mittelgroße Zwiebel	abziehen
50 g durchwachsener Speck	beide Zutaten in kleine Würfel schneiden
20 g Butter oder Margarine	zerlassen, die Speckwürfel darin auslassen
25 g Weizenmehl	mit den Zwiebelwürfeln unter Rühren so lange darin erhitzen, bis es hellgelb ist

250 ml (¼ l) Kochflüssigkeit oder hellen Grundfond, S.16/17	
125 ml (⅛ l) Milch	hinzugießen, mit einem Schneebesen durchschlagen, darauf achten, daß keine Klumpen entstehen die Sauce zum Kochen bringen, etwa 5 Minuten kochen lassen, durch ein Sieb gießen, mit
Salz Pfeffer geriebener Muskatnuß	würzen, einmal aufkochen lassen
1 Eigelb	mit
3 Eßl. Sahne	verschlagen, die Sauce damit abziehen (nicht mehr kochen lassen)
50 g geriebenen Schweizer oder Emmentaler Käse	unterrühren, sofort servieren
Garzeit:	Etwa 10 Minuten.
Empfehlung:	Zu überbackenen Gerichten aus Geflügel, Fleisch, Gemüse, Teigwaren und Fisch reichen.

Sauce Versailles

20 g Butter oder Margarine	zerlassen
25 g Weizenmehl	unter Rühren so lange darin erhitzen, bis es hellgelb ist

250 ml (¼ l) Kochflüssigkeit oder hellen Grundfond, S. 16/17	hinzugießen, mit einem Schneebesen durchschlagen, darauf achten, daß keine Klumpen entstehen die Sauce zum Kochen bringen, etwa 5 Minuten kochen lassen, mit
Salz weißem Pfeffer	würzen
4 Schalotten oder kleine Zwiebeln	abziehen, fein würfeln, mit
125 ml (⅛ l) Weißwein feingehackter Petersilie gehackten Thymianblättchen	zum Kochen bringen, zur Hälfte einkochen lassen, in die Sauce rühren, zum Kochen bringen, etwa 3 Minuten kochen lassen, durch ein Sieb gießen die Sauce einmal aufkochen lassen
20 g Butter 1 Eßl. feingehackte Estragonblättchen Zitronensaft	unterrühren, mit Salz, Pfeffer, abschmecken
Kochzeit:	Etwa 10 Minuten.
Empfehlung:	Zu Beefsteaks oder Hackfleischklößchen reichen.

Polnische Sauce

40 g Pfeffer-kuchen	zerkrümeln
80 g Zwiebeln	abziehen, in Scheiben schneiden
1 Eßl. Fett	zerlassen
1 gestrichenen Eßl. Weizen-mehl	unter Rühren so lange darin erhitzen, bis es fast dunkelbraun ist
125 ml (⅛ l) Fischbrühe oder hellen Fisch-Grundfond, S.16	
375 ml (⅜ l) Malzbier	hinzugießen, mit einem Schneebesen durchschlagen, darauf achten, daß keine Klumpen entstehen Pfefferkuchen, Zwiebelscheiben,
2 Eßl. kleinge-schnittenes Suppengrün	
4 Pfefferkörner	
2 Pimentkörner (Nelkenpfeffer)	
1 Nelke	
1 kleines Lor-beerblatt	unterrühren die Sauce zum Kochen bringen, etwa 30 Minuten kochen lassen, durch ein Sieb streichen, mit
Salz Zitronensaft Zucker Rotwein	würzen.
Empfehlung:	Zu Karpfen reichen.

Kräutersauce

20 g Butter oder Margarine	zerlassen
25 g Weizen-mehl	unter Rühren so lange darin erhitzen, bis es hellgelb ist
375 ml (⅜ l) Kochflüssigkeit oder hellen Grundfond, S. 16/17	hinzugießen, mit einem Schneebesen durchschlagen, darauf achten, daß keine Klumpen entstehen die Sauce zum Kochen bringen, etwa 5 Minuten kochen lassen
3 Eßl. gehackte Kräuter (z. B. Dill, Petersilie, Schnittlauch)	unterrühren, mit
Salz Zitronensaft	würzen.
Empfehlung:	Zu Hackfleischklößchen oder gekochtem Rindfleisch reichen.

Käse-Kräuter-Sauce

(Abb. nebenstehend)

20 g Butter oder Margarine	zerlassen
25 g Weizen-mehl	unter Rühren so lange darin erhitzen, bis es hellgelb ist
375 ml (⅜ l) Fleischbrühe	hinzugießen, mit einem Schneebesen durchschlagen,

darauf achten, daß keine Klumpen entstehen

100 g Butter-Käse
50 g Edelpilz-Käse die Zutaten reiben, unterrühren, die Sauce zum Kochen bringen, etwa 5 Minuten kochen lassen, mit

Salz
Zitronensaft würzen
2 Eßl. gehackte Kräuter
(z. B. Petersilie, Dill, Kresse, Kerbel) unterrühren.
Empfehlung: Zu pochierten Eiern oder gekochtem Fleisch reichen.

Ceylon-Sauce

1 Schalotte oder Zwiebel	abziehen, fein würfeln
½ abgezogene Knoblauchzehe	mit
Salz	zerdrücken
50 g abgezogene Mandeln	fein hacken
2 kleine Peperoni	entstielen, entkernen, waschen, in kleine Stücke schneiden die Zutaten in
3 Eßl. Speiseöl	unter Rühren so lange erhitzen, bis sie hellbraun sind
250 ml (¼ l) Orangensaft	hinzugießen, unter Rühren zum Kochen bringen
1 Lorbeerblatt	hinzufügen, 10 Minuten kochen lassen die Sauce mit Salz,
Zucker	würzen, abkühlen lassen.
Empfehlung:	Zu Hühnerfleisch (separat anrichten) oder zu Eiern reichen.

Krabbensauce

250 g frische, gepulte Nordseekrabben	in eine Schüssel geben, mit dem
Saft von ½ Zitrone	beträufeln, stehenlassen
40 g Butter oder Margarine	zerlassen
30 g Weizenmehl	unter Rühren so lange darin erhitzen, bis es hellgelb ist

375 ml (⅜ l) Kochflüssigkeit oder hellen Grundfond, S.16/17	hinzugießen, mit einem Schneebesen durchschlagen, darauf achten, daß keine Klumpen entstehen
1 Eßl. Tomatenmark	unterrühren, die Sauce zum Kochen bringen, etwa 10 Minuten kochen lassen, die Krabben mit
125 ml (⅛ l) Sahne	in die Sauce geben, gut verrühren (nicht mehr kochen lassen) die Sauce mit dem
Saft von ½ Zitrone Salz, weißem Pfeffer Cayennepfeffer	würzen
½ Bund feingehackten Dill oder ½ Teel. getrocknete Dillspitzen	unterrühren
Garzeit:	Etwa 15 Minuten.
Empfehlung:	Zu feinem gekochtem oder gegrilltem Fisch oder zu hartgekochten Eiern reichen.

Dillsauce

1 Zwiebel	abziehen, fein würfeln
40 g Butter oder Margarine	zerlassen, die Zwiebelwürfel darin andünsten, mit

30 g Weizen-mehl	bestäuben, kurz miterhitzen
375 ml (⅜ l) Fischbrühe oder hellen Fisch-Grundfond, S. 16	hinzugießen, mit einem Schneebesen durchschlagen, darauf achten, daß keine Klumpen entstehen die Sauce zum Kochen bringen, etwa 5 Minuten kochen lassen
2 Eßl. feinge-hackten Dill	hinzufügen, mit
Salz, Pfeffer geriebener Muskatnuß	würzen
2 Eßl. feinge-hackten Dill	in
4 Eßl. Essig-Zucker-Wasser	einmal aufkochen lassen, auf ein Sieb gießen, abtropfen lassen, mit
2 Eßl. saurer Sahne	unter die Sauce rühren.
Empfehlung:	Zu jeder Art von gekochtem oder gedünstetem Fisch oder zu gekochten Eiern reichen.

Sahne-Kräuter-Sauce

40 g Butter oder Margarine	zerlassen
3 Eßl. feinge-hackte Kräuter (z. B. Petersilie, Dill, Basilikum)	darin andünsten, mit

30 g Weizen-mehl	bestäuben, unter Rühren so lange erhitzen, bis es hellgelb ist
375 ml (⅜ l) Kochflüssigkeit oder hellen Grundfond, S.16/17	hinzugießen, mit einem Schneebesen durchschlagen, darauf achten, daß keine Klumpen entstehen die Sauce zum Kochen bringen, etwa 5 Minuten kochen lassen
1 Eigelb	mit
125 ml (⅛ l) Sahne	verschlagen, die Sauce damit abziehen (nicht mehr kochen lassen), mit
Salz Zitronensaft feingeschnitte-nem Schnitt-lauch	würzen, mit
	bestreut servieren
Garzeit:	Etwa 10 Minuten.
Empfehlung:	Zu gekochtem Fisch oder Eiergerichten reichen.

Zwiebelsauce

3 mittelgroße Zwiebeln	abziehen, fein würfeln
20 g Butter	zerlassen
25 g Weizen-mehl	mit den Zwiebelwürfeln unter Rühren so lange darin erhitzen, bis das Mehl hellgelb ist
125 ml (⅛ l) Milch	*bitte umblättern*

250 ml (¼ l) Kochflüssigkeit oder hellen Grundfond, S. 16/17	hinzugießen, mit einem Schneebesen durchschlagen, darauf achten, daß keine Klumpen entstehen die Sauce zum Kochen bringen, etwa 5 Minuten kochen lassen, mit
Salz, Essig Zucker	würzen.
Empfehlung:	Zu gekochtem Rindfleisch oder Hackbraten reichen.

Käsesauce

30 g Margarine	zerlassen
35 g Weizen- mehl	unter Rühren so lange darin erhitzen, bis es hellgelb ist
500 ml (½ l) Ge- müseflüssigkeit oder hellen Grundfond, S. 16/17	hinzugießen, mit einem Schneebesen durchschlagen, darauf achten, daß keine Klumpen entstehen
150 g Gouda- Käse	reiben, unterrühren, die Sauce zum Kochen bringen, etwa 5 Minuten kochen lassen, mit
Salz Zitronensaft	würzen.
Empfehlung:	Zu Rosenkohl oder Blumenkohl reichen.

Sauerampfersauce

(Abb. nebenstehend)

20 g Butter oder Margarine	zerlassen
25 g Weizenmehl	unter Rühren so lange darin erhitzen, bis es hellgelb ist
3 Eßl. gehackten Sauerampferblättchen	hinzufügen, andünsten
375 ml (⅜ l) Fischbrühe oder hellen Fisch-Grundfond, S. 16	hinzugießen, mit einem Schneebesen durchschlagen, darauf achten, daß keine Klumpen entstehen die Sauce zum Kochen bringen, etwa 10 Minuten kochen lassen, mit
Salz Pfeffer gemahlenem Ingwer	würzen
1 Becher (150 g) saure Sahne	unterrühren, die Sauce kurz erhitzen (nicht kochen lassen), mit
feingehackter Petersilie	bestreut servieren
Kochzeit:	Etwa 15 Minuten.
Empfehlung:	Zu gedünstetem Fischfilet oder gekochten Eiern reichen.

Käse-Sahne-Sauce

20 g Butter oder Margarine	zerlassen
25 g Weizen- mehl	unter Rühren so lange darin erhitzen, bis es hellgelb ist
250 ml (¼ l) Kochflüssigkeit oder hellen Grundfond, S. 16/17 125 ml (⅛ l) Milch	hinzugießen, mit einem Schneebesen durchschlagen, darauf achten, daß keine Klumpen entstehen die Sauce zum Kochen bringen, etwa 5 Minuten kochen lassen, unter ständigem Rühren
100 g geriebe- nen Käse (halb Parmesan, halb mittelalter Gouda)	hinzufügen, so lange erhitzen, bis der Käse geschmolzen ist
1 Eigelb	mit
4 Eßl. Sahne	verschlagen, die Sauce damit abziehen (nicht mehr kochen lassen), mit
Salz Pfeffer geriebener Muskatnuß Streuwürze	würzen
Garzeit:	Etwa 15 Minuten.
Empfehlung:	Zu Geflügel reichen.

Meerrettichsauce

20 g Butter oder Margarine	zerlassen
25 g Weizen- mehl	unter Rühren so lange darin erhitzen, bis es hellgelb ist
125 ml (⅛ l) Milch 250 ml (¼ l) Kochflüssigkeit oder hellen Grundfond, S. 16/17	hinzugießen, mit einem Schneebesen durchschlagen, darauf achten, daß keine Klumpen entstehen die Sauce zum Kochen bringen, etwa 5 Minuten kochen lassen
3 gehäufte Eßl. geriebenen Meerrettich (aus dem Glas)	in die Sauce geben (nicht mehr kochen lassen), mit
Salz Zitronensaft	würzen.
Empfehlung:	Zu gekochter Rinderbrust oder Ochsenzunge reichen.

Kapernsauce

1 mittelgroße Zwiebel	abziehen, fein würfeln
20 g Butter	zerlassen
25 g Weizen- mehl	mit den Zwiebelwürfeln unter Rühren so lange darin erhitzen, bis das Mehl hellgelb ist

375 ml (⅜ l)
Kochflüssigkeit
oder hellen
Grundfond,
S. 16/17 hinzugießen, mit einem
Schneebesen durchschlagen,
darauf achten, daß keine Klumpen
entstehen
die Sauce zum Kochen bringen,
etwa 5 Minuten kochen lassen

3 Eßl. Kapern,
mit Flüssigkeit unterrühren
die Sauce mit

Salz, Pfeffer
Zucker
Zitronensaft würzen, kurz erhitzen, mit
1 Eßl. fein-
gehackter
Petersilie bestreut servieren.
Empfehlung: Zu Hackfleischklößchen,
gekochtem Rindfleisch reichen.

Chaudfroid-Sauce, weiß

40 g Butter
oder Margarine zerlassen
30 g Weizen-
mehl unter Rühren so lange darin
erhitzen, bis es hellgelb ist

375 ml (⅜ l)
Geflügelkoch-
flüssigkeit oder
hellen Grund-
fond, S. 16/17 hinzugießen, mit einem

Schneebesen durchschlagen,
darauf achten, daß keine Klumpen
entstehen
die Sauce zum Kochen bringen,
etwa 5 Minuten kochen lassen, mit

Salz
Pfeffer
Zucker
geriebener
Muskatnuß würzen
125 ml (⅛ l)
Sahne unterrühren, von der Kochstelle
nehmen, so lange weiterrühren,
bis die Sauce erkaltet ist.
Empfehlung: Zu kaltem, gekochtem
Geflügelfleisch oder kaltem,
gebratenem Fisch reichen.

Geflügelcremesauce

20 g Butter
oder Margarine zerlassen
25 g Weizen-
mehl unter Rühren so lange darin
erhitzen, bis es hellgelb ist

375 ml (⅜ l)
Geflügelkoch-
flüssigkeit oder
hellen Grund-
fond, S. 17 hinzugießen, mit einem
Schneebesen durchschlagen,
darauf achten, daß keine Klumpen
entstehen
die Sauce zum Kochen bringen

bitte umblättern

100 g Champignons	putzen, waschen, fein hacken, hinzufügen zum Kochen bringen, etwa 15 Minuten kochen lassen, durch ein Sieb gießen
1 Eigelb	mit
2 – 3 Eßl. Sahne	verschlagen, die Sauce damit abziehen (nicht mehr kochen lassen), mit
Salz weißem Pfeffer Zitronensaft geriebener Muskatnuß	
20 g Butter	würzen, nach Belieben unterrühren.
Empfehlung:	Zu Hühnerfrikassee oder gedämpfter Poulardenbrust reichen.

Champignonsauce

20 g Butter oder Margarine	zerlassen
25 g Weizenmehl	unter Rühren so lange darin erhitzen, bis es hellgelb ist
375 ml (⅜ l) Geflügelkochflüssigkeit oder hellen Grundfond, S. 17	hinzugießen, mit einem Schneebesen durchschlagen, darauf achten, daß keine Klumpen entstehen die Sauce zum Kochen bringen, etwa 5 Minuten kochen lassen

125 g Champignons	putzen, waschen, in Scheiben schneiden
1 Eßl. Butter oder Margarine	zerlassen, die Champignons darin gar dünsten lassen, in die Sauce geben
1 Eigelb	mit
2 Eßl. kaltem Wasser	verschlagen, die Sauce damit abziehen (nicht mehr kochen lassen), mit
Salz Zitronensaft	würzen
Garzeit:	Etwa 10 Minuten.
Empfehlung:	Zu Hühnerfrikassee oder gedämpften Hähnchenkeulen reichen.

Frikasseesauce

(Abb. nebenstehend)

20 g Butter oder Margarine	zerlassen
25 g Weizenmehl	unter Rühren so lange darin erhitzen, bis es hellgelb ist
375 ml (⅜ l) Kochflüssigkeit oder hellen Grundfond, S. 16/17	hinzugießen, mit einem Schneebesen durchschlagen, darauf achten, daß keine Klumpen entstehen die Sauce zum Kochen bringen, etwa 5 Minuten kochen lassen

150 g gedünstete Champignonstücke	
1 Teel. gehackten Kapern	
1 feingehackten Sardelle	
Zitronensaft	unterrühren, etwa 5 Minuten kochen darin ziehen lassen

1 Eigelb	mit
2 Eßl. saurer Sahne	verschlagen, die Sauce damit abziehen (nicht mehr kochen lassen), mit Zitronensaft,
Salz	
Pfeffer	würzen.
Empfehlung:	Zu Kalbfleisch, Geflügel oder Fisch reichen.

Cremesauce Imperial

(Abb. nebenstehend)

2 Schalotten	abziehen, fein würfeln
1 Eßl. Butter	zerlassen, die Schalottenwürfel darin glasig dünsten lassen
100 ml trockenen Weißwein	hinzugießen, erhitzen
1 Becher (150 g) Crème fraîche	unterrühren, kurz aufkochen lassen, mit
Salz, Pfeffer Worcestersauce	würzen
2 Eßl. Sherry medium	
1 – 2 Eßl. gemischte, gehackte Kräuter	unterrühren.
Empfehlung:	Zu Rinderfilet oder Pfeffersteaks reichen.

Gurken-Sahne-Sauce

1 kleine Zwiebel	abziehen, fein würfeln
40 g Butter oder Margarine	zerlassen
30 g Weizenmehl	mit den Zwiebelwürfeln unter Rühren so lange darin erhitzen, bis das Mehl hellgelb ist

bitte umblättern

375 ml (⅜ l) Kochflüssigkeit oder hellen Grundfond, S. 16/17	hinzugießen, mit einem Schneebesen durchschlagen, darauf achten, daß keine Klumpen entstehen
½ Salatgurke	die Sauce zum Kochen bringen schälen, halbieren, die Gurke in kleine Stücke schneiden, mit in die Sauce geben, zum Kochen bringen, etwa 20 Minuten kochen lassen, durch ein Sieb streichen die Sauce mit
Salz Pfeffer	würzen
1 Becher (150 g) saure Sahne 1 Eßl. gehackte Kräuter (z. B. Dill, Petersilie, Thymian)	unterrühren.
Empfehlung:	Zu gekochtem Rindfleisch oder Hackbraten reichen.

Béchamelsauce

2 kleine Zwiebeln 40 g Schinken	abziehen
	beide Zutaten in kleine Würfel schneiden
30 g Butter oder Margarine	zerlassen, die Schinkenwürfel darin andünsten

35 g Weizenmehl	mit den Zwiebelwürfeln unter Rühren so lange darin erhitzen, bis das Mehl hellgelb ist
250 ml (¼ l) Gemüseflüssigkeit oder hellen Grundfond, S. 16/17 250 ml (¼ l) Milch	hinzugießen, mit einem Schneebesen durchschlagen, darauf achten, daß keine Klumpen entstehen die Sauce zum Kochen bringen, etwa 5 Minuten kochen lassen, nach Belieben durch ein Sieb streichen, mit
Salz Pfeffer	würzen.
Empfehlung:	Zu Blumenkohl oder gedünsteten Zwiebeln reichen.

Paprikasauce, warm

4 mittelgroße Zwiebeln	abziehen, fein würfeln
40 g Butter oder Margarine	zerlassen, die Zwiebelwürfel darin andünsten, nach Belieben
etwas zerdrückte Knoblauchzehe	hinzufügen, mit
10 g Paprika edelsüß 20 g Weizenmehl	bestäuben, durchrühren

250 ml (¼ l) Kochflüssigkeit oder hellen Grundfond, S. 16 / 17	hinzugießen, mit einem Schneebesen durchschlagen, darauf achten, daß keine Klumpen entstehen die Sauce zum Kochen bringen, etwa 15 Minuten kochen lassen, ab und zu durchrühren, durch ein Sieb gießen
1 Becher (150 g) Crème fraîche	unterrühren, kurz erhitzen (nicht kochen lassen) die Sauce mit
Salz Zitronensaft Tomatenmark	
Empfehlung:	würzen. Zu Schweinekotelett oder Schnitzel reichen.

Mandel-Meerrettich-Sauce

20 g Butter oder Margarine 25 g Weizenmehl	zerlassen unter Rühren so lange darin erhitzen, bis es hellgelb ist
250 ml (¼ l) Milch 125 ml (⅛ l) Sahne	hinzugießen, mit einem Schneebesen durchschlagen,

	darauf achten, daß keine Klumpen entstehen die Sauce zum Kochen bringen, etwa 5 Minuten kochen lassen
50 g abgezogene, gemahlene Mandeln Salz Zucker geriebener Muskatnuß	unterrühren, kurz miterhitzen, mit würzen
80 g geriebenen Meerrettich (aus dem Glas)	in die Sauce geben (nicht mehr kochen lassen).
Empfehlung:	Zu gekochtem Heilbutt oder Forelle blau reichen.

Holländische Sauce

(einfach)

20 g Butter oder Margarine 35 g Weizenmehl	zerlassen unter Rühren so lange darin erhitzen, bis es hellgelb ist
250 ml (¼ l) Milch 125 ml (⅛ l) Geflügelkochflüssigkeit oder hellen Grundfond, S. 17	hinzugießen, mit einem Schneebesen durchschlagen, darauf achten, daß keine Klumpen entstehen

bitte umblättern

1 Eigelb	die Sauce zum Kochen bringen, etwa 5 Minuten kochen lassen mit
2 Eßl. Sahne	verschlagen, die Sauce damit abziehen (nicht mehr kochen lassen), mit
Salz Zitronensaft	würzen, nach Belieben
1 Eßl. Butter	unterrühren.
Empfehlung:	Zu gedämpften Truthahnkeulen oder Truthahnfrikassee reichen.

Feine Fisch-Sahne-Sauce

20 g Butter	zerlassen
25 g Weizenmehl	unter Rühren so lange darin erhitzen, bis es hellgelb ist
250 ml (¼ l) Fischbrühe oder hellen Fisch-Grundfond, S. 16	hinzugießen, mit einem Schneebesen durchschlagen, darauf achten, daß keine Klumpen entstehen die Sauce zum Kochen bringen, etwa 5 Minuten kochen lassen mit
2 Eigelb 125 ml (⅛ l) Sahne	verschlagen, die Sauce damit abziehen (nicht mehr kochen lassen), mit
Salz, Pfeffer	

geriebener Muskatnuß Zitronensaft	würzen
1 Eßl. feingehackten Dill	unterrühren die Sauce sofort servieren.
Empfehlung:	Zu gedünstetem oder pochiertem Fisch reichen.

Currysauce

20 g Butter oder Margarine	zerlassen
½ abgezogene Zwiebel ½ geschälter, entkernter Apfel ½ geschälte Banane	die Zutaten kleinschneiden, zu dem Fett geben, mit
1 Teel. Currypulver	bestäuben, andünsten, mit
250 ml (¼ l) Geflügelkochflüssigkeit oder hellem Grundfond, S. 17	auffüllen, zum Kochen bringen, in etwa 10 Minuten gar dünsten lassen die Sauce durch ein Sieb streichen
125 ml (⅛ l) Sahne	unterrühren, einmal aufkochen lassen, mit
Salz, Pfeffer	würzen.
Empfehlung:	Zu gebratenem Geflügel oder Hähnchenbrustfilet reichen.

Tomatensaucen

Die Vielfalt der Tomatensaucen als Zugabe zu Teigwaren, Fisch, Fleisch u. a. m. ist schier unbegrenzt. Sie mag ursprünglich aus dem südländischen Raum gekommen sein, ist aber heute fester Bestandteil unserer Küche geworden.

Sauce auf Bologneser Art

300 g Tomaten	kurze Zeit in kochendes Wasser legen (nicht kochen lassen), in kaltem Wasser abschrecken, enthäuten, die Stengelansätze herausschneiden, die Tomaten vierteln, entkernen, in
125 ml (⅛ l) hellem Grundfond, S. 16/17	zum Kochen bringen, so lange kochen, bis die Tomaten völlig zerkocht sind abziehen, fein würfeln
2 Zwiebeln 50 g durchwachsenen Speck	in Würfel schneiden
30 g Olivenöl	erhitzen
30 g Butter oder Margarine	hinzufügen, Zwiebel- und Speckwürfel,
½ Teel. gehackte Basilikumblättchen ½ Teel. gehackte Salbeiblättchen	hinzufügen, darin leicht andünsten die pürierten Tomaten,
125 ml (⅛ l) hellem Grundfond, S. 16/17 250 g Rindergehacktes	hinzufügen, das Fleisch mit einer Gabel zerdrücken
gerebelten Rosmarin gerebelten Thymian 1 Lorbeerblatt	unterrühren, zum Kochen bringen, etwa 20 Minuten im geschlossenen Topf kochen lassen, mit
Salz, Pfeffer	würzen
Kochzeit:	30 – 40 Minuten.
Empfehlung:	Zu Spaghetti oder anderen Nudeln reichen.

Tomatensauce auf Marseiller Art

(Abb. nebenstehend)

1 kg Tomaten	kurze Zeit in kochendes Wasser legen (nicht kochen lassen), in kaltem Wasser abschrecken, enthäuten, die Stengelansätze herausschneiden, die Tomaten halbieren, entkernen, in Würfel schneiden
1 Knoblauchzehe	abziehen, zerdrücken
250 ml (¼ l) Olivenöl	erhitzen, Tomatenwürfel und Knoblauch hinzufügen mit
Salz, Pfeffer Zucker	würzen, zugedeckt so lange schmoren lassen, bis eine dickliche Sauce entstanden ist, mit Salz, Pfeffer, Zucker,
Zitronensaft Kräutern der Provence	abschmecken
Kochzeit:	25 – 30 Minuten.
Empfehlung:	Zu gegrilltem Fisch reichen.

Portugiesische Sauce

1 Zwiebel	abziehen, fein würfeln
1 Eßl. Speiseöl	erhitzen, die Zwiebelwürfel darin andünsten
500 g Tomaten	kurze Zeit in kochendes Wasser legen (nicht kochen lassen), in kaltem Wasser abschrecken, enthäuten, die Stengelansätze herausschneiden, die Tomaten halbieren, entkernen, in Würfel schneiden
1 Knoblauch- zehe	abziehen, zerdrücken, mit den Tomatenwürfeln zu den Zwiebelwürfeln geben, mitdünsten lassen
100 ml Weiß- wein Salz, Pfeffer Zucker	hinzugießen, mit würzen, unter Rühren zum Kochen bringen, so lange dünsten lassen, bis keine Flüssigkeit mehr vorhanden ist, mit
250 ml (¼ l) Kochflüssigkeit oder hellem Grundfond, S. 16/17	auffüllen, zum Kochen bringen, 8–10 Minuten kochen lassen, mit Salz, Pfeffer, Zucker abschmek-ken, mit
feingehackter Petersilie Kochzeit: Empfehlung:	bestreuen 25–30 Minuten. Zu Tintenfisch-Ringen, Fisch-spießchen oder Fischstäbchen reichen.

Zwiebel-Tomaten-Sauce

3–4 Zwiebeln	abziehen, in feine Scheiben schneiden
30 g Butter	zerlassen, die Zwiebelscheiben darin andünsten
1 Eßl. Tomaten- mark 1 Eßl. milden Weinessig 4 Eßl. Weißwein 375 ml (⅜ l) Tomaten- Grundsauce S. 22	hinzufügen hinzugießen, unter Rühren zum Kochen bringen, zugedeckt etwa 10 Minuten kochen lassen
1 Teel. Speise- stärke 1 Eßl. kaltem Wasser	mit anrühren, die Sauce damit binden mit
Salz, Pfeffer Empfehlung:	abschmecken. Zu gedünstetem Kabeljau oder Seelachs reichen.

Bologneser Sauce

1 Zwiebel	abziehen
2 Möhren	putzen, schrappen, waschen
½ Sellerieknolle	schälen, waschen alle Zutaten in feine Würfel schneiden
2 Eßl. Olivenöl	erhitzen, die Zutaten darin andünsten
50 g rohen	

Schinken oder durchwachsenen Speck	in sehr feine Würfel schneiden, mit
250 g Rindergehacktem	zum Gemüse geben, miterhitzen, mit
Salz, Pfeffer	würzen
100 ml Rotwein	hinzugießen, zum Kochen bringen, so lange schmoren lassen, bis der Rotwein verdampft ist
75 g Tomatenmark (aus der Dose) oder 200 g Tomatenpüree aus frischen Tomaten	unter Rühren hinzugeben, mit
gerebeltem Thymian	
gerebeltem Majoran	abschmecken
Kochzeit:	40 – 45 Minuten.
Empfehlung:	Zu Spaghetti oder anderen Nudeln reichen.

Tomatensauce, Feinschmecker Art

1 – 2 Knoblauchzehen	abziehen, fein zerdrücken
3 Schalotten oder kleine Zwiebeln	abziehen, fein würfeln
500 g Tomaten	kurze Zeit in kochendes Wasser legen (nicht kochen lassen), in kaltem Wasser abschrecken, enthäuten, die Stengelansätze

	herausschneiden, die Tomaten halbieren, entkernen, in Würfel schneiden
2 Eßl. Olivenöl	erhitzen, die Zutaten darin andünsten
feingehackte Kräuter (z. B. Schnittlauch, Petersilie, Dill)	hinzufügen, mit
Salz, Pfeffer	würzen, zugedeckt etwa 20 Minuten dünsten lassen, bis eine dickliche Sauce entstanden ist, mit Salz, Pfeffer,
Worcestersauce	
Zucker	abschmecken, heiß oder kalt servieren.
Empfehlung:	Zu Spaghetti, Risotto reichen.

Helle Tomatensauce

500 g Tomaten	waschen, halbieren
125 ml (⅛ l) Wasser	mit
Salz, Pfeffer	
1 Teel. Zucker	zum Kochen bringen, die Tomatenhälften hineingeben
1 Schalotte oder Zwiebel	abziehen, mit
2 Lorbeerblättern	zu den Tomaten geben, zugedeckt etwa 20 Minuten dünsten lassen, durch ein Sieb streichen, abkühlen lassen, mit Salz, Pfeffer,
Zucker	abschmecken
100 ml Sahne	unterrühren
Garzeit:	Etwa 25 Minuten.
Empfehlung:	Zu Reis, überbackenen Nudeln, Spaghetti reichen.

Sauce auf neapolitanische Art

(Abb. nebenstehend)

75 g roher Schinken **75 g durch-wachsener Speck**	
	beide Zutaten in feine Würfel schneiden
1 Knoblauch-zehe **1 Zwiebel**	
	beide Zutaten abziehen, fein würfeln
2 Möhren	putzen, schrappen
1 kleine Sellerieknolle	schälen Möhren und Sellerie waschen, abtropfen lassen, kleinschneiden
2 Eßl. Speiseöl **20 g Butter oder Margarine**	erhitzen hinzufügen, Schinken- und Speckwürfel, Gemüse,
1 Eßl. fein-gehackte Petersilie **1 Eßl. fein-gehackte Basili-kumblättchen** **250 g Gehack-tes (halb Rind-, halb Schweine-fleisch)**	darin andünsten hinzufügen, leicht mit einer Gabel zerdrücken, etwa 5 Minuten schmoren lassen, ab und zu durchrühren

750 g Tomaten	kurze Zeit in kochendes Wasser legen (nicht kochen lassen), in kaltem Wasser abschrecken, enthäuten, die Stengelansätze herausschneiden, die Tomaten vierteln, entkernen, hinzufügen, mit
Salz, Pfeffer	würzen, etwa 30 Minuten schmoren lassen, mit Salz, Pfeffer abschmecken
Schmorzeit:	35 – 40 Minuten.
Empfehlung:	Zu Nudeln aller Art reichen.

Tomatensauce auf italienische Art

1 kg reife, feste Tomaten	kurze Zeit in kochendes Wasser legen (nicht kochen lassen), in kaltem Wasser abschrecken, enthäuten, die Stengelansätze herausschneiden, die Tomaten vierteln, entkernen
2 – 3 Zwiebeln	abziehen, fein würfeln
2 Eßl. Olivenöl	erhitzen, die Zwiebelwürfel darin andünsten die Tomatenviertel dazugeben, mitdünsten lassen
375 ml (⅜ l) Kochflüssigkeit oder hellen Grundfond, S. 16/17	hinzugießen, mit
Pfeffer	
Salz	
Zucker	würzen, zum Kochen bringen,

bitte umblättern

69

etwa 10 Minuten kochen lassen, mit

Knoblauch-pulver	
1 Teel. gehackten Oregano-blättchen	abschmecken
Kochzeit:	Etwa 15 Minuten.
Empfehlung:	Zu gebratenen Hähnchenkeulen reichen.

Tomatensauce

1 kleine Zwiebel	abziehen
30 g roher Schinken	
	beide Zutaten in kleine Würfel schneiden
250 g Tomaten	waschen, in Stücke schneiden
20 g Butter oder Margarine	zerlassen, die Schinkenwürfel, Zwiebelwürfel und Tomatenstücke darin andünsten, mit
35 g Weizen-mehl	bestäuben, kurz miterhitzen
375 ml (⅜ l) hellen Grund-fond, S. 16/17	hinzugießen, mit einem Schneebesen durchschlagen, darauf achten, daß keine Klumpen entstehen die Sauce zum Kochen bringen, etwa 10 Minuten kochen lassen, durch ein Sieb streichen, mit
Salz, Pfeffer Zitronensaft Zucker Tomatenmark	würzen.
Empfehlung:	Zu Hackfleischklößchen oder gekochtem Rindfleisch reichen.

Tomatensauce auf provencalische Art

(Abb. nebenstehend)

1½ kg Tomaten	kurze Zeit in kochendes Wasser legen (nicht kochen lassen), in kaltem Wasser abschrecken, enthäuten, die Stengelansätze herausschneiden, die Tomaten vierteln, entkernen
1 Knoblauch-zehe	abziehen, zerdrücken
150 ml Olivenöl	erhitzen, Tomatenviertel, Knoblauch,
1 Eßl. fein-gehackte Petersilie	
1 Eßl. fein-gehackte Basili-kumblättchen	darin andünsten
½ Teel. Zucker	hinzufügen, zugedeckt 20–25 Minuten dünsten lassen
1 Eßl. Weizen-mehl	mit
2 Eßl. kaltem Wasser	anrühren, die Sauce damit binden, 3–5 Minuten kochen lassen, mit
Salz, Pfeffer Zitronensaft Zucker	würzen
Dünstzeit:	Etwa 30 Minuten.
Empfehlung:	Zu gegrilltem oder gedünstetem Lachs oder Schellfisch reichen.

Tomatensauce, klassisch

75 g durch-wachsenen Speck	in Würfel schneiden
1 Eßl. Speiseöl	erhitzen, die Speckwürfel darin ausbraten
1 Zwiebel	abziehen, würfeln, in dem Speckfett andünsten
1 kg Römische Tomaten oder Fleischtomaten	waschen, abtrocknen, halbieren, die Stengelansätze heraus-schneiden, die Tomatenhälften in große Würfel schneiden, zu den Zwiebelwürfeln geben, mit
Salz **Pfeffer**	würzen
3 Majoran-zweige **2 Basilikum-zweige**	
	die Kräuter vorsichtig abspülen, trockentupfen, zu den Tomatenwürfeln geben, etwa 15 Minuten dünsten lassen, die Masse durch ein Sieb streichen
70 g Tomaten-mark (aus der Tube)	unterrühren, die Soße mit Salz, Pfeffer,
Zucker	abschmecken
Dünstzeit:	Etwa 20 Minuten.
Empfehlung:	Zu Spaghetti, gedünstetem Fisch oder Fleischspießen reichen.

Tomaten-Fleisch-Sauce

2 Eßl. Speiseöl	erhitzen
375 g Gehack-tes	unter Rühren darin anbraten, dabei die Fleischklümpchen zerdrücken
2 Zwiebeln	abziehen, würfeln, zu dem Gehackten geben, durchdünsten lassen, mit
Salz, Pfeffer **Paprika edelsüß**	würzen
1 Eßl. Tomaten-mark	unterrühren
¾ – 1 kg ent-häutete Fleisch-tomaten	in Würfel schneiden, zu dem Gehackten geben
1 Thymianzweig **1 Basilikum-zweig** **1 Majoranzweig**	
	die Kräuter vorsichtig abspülen, trockentupfen, mit
6 Eßl. Rotwein	zu der Fleisch-Tomaten-Masse geben, 10 – 15 Minuten dünsten lassen, die Kräuterzweige entfernen die Tomaten-Fleisch-Soße mit Salz, Pfeffer, Paprika abschmecken nach Belieben
etwas Weizen-mehl	mit
Wasser	anrühren, die Sauce damit binden
Dünstzeit:	Etwa 20 Minuten.
Empfehlung:	Zu Nudeln mit Parmesan-Käse, gemischtem Salat reichen.

Feine Tomatensauce

4 – 5 Zwiebeln (etwa 250 g) **2 Knoblauch- zehen**	beide Zutaten abziehen, in Scheiben schneiden
500 g Tomaten	kurze Zeit in kochendes Wasser legen (nicht kochen lassen), in

kaltem Wasser abschrecken, enthäuten, die Stengelansätze herausschneiden, die Tomaten in Würfel schneiden

3 Eßl. Speiseöl erhitzen, Zwiebel- und Knoblauchscheiben darin andünsten, die Tomatenwürfel,

4 Eßl. Rotwein **70 g Tomaten-**

bitte umblättern

mark (aus der Tube)	nach Belieben
1 Eßl. gehackte Majoranblätt-chen	
1 Eßl. feinge-schnittenen Schnittlauch	hinzufügen, gut verrühren, etwa 10 – 15 Minuten dünsten lassen
Dünstzeit:	Etwa 20 Minuten.
Empfehlung:	Zu gedünstetem Fisch mit Reis reichen.

Tomaten-Paprika-Sauce

1 Zwiebel	
1 Schalotte	beide Zutaten abziehen, fein würfeln
30 g Butter oder Margarine	zerlassen, Zwiebelwürfel und Schalottenwürfel darin andünsten
1 Eßl. Tomaten-mark	
1 Eßl. Paprika edelsüß	hinzufügen
250 ml (¼ l) Kochflüssigkeit oder hellen Grundfond, S. 16/17	hinzugießen, unter Rühren zum Kochen bringen, etwa 10 Minuten kochen lassen
125 ml (⅛ l) Sahne	unterrühren
1 Eßl. Weizen-mehl	mit

2 Eßl. kaltem Wasser	anrühren, die Sauce damit binden
1 Eßl. Butter	unterrühren, die Sauce mit
Salz, Pfeffer	abschmecken
Kochzeit:	Etwa 15 Minuten.
Empfehlung:	Zu gegrilltem Hähnchen reichen.

Mittelmeersauce

1 kg Fleisch-tomaten	kurze Zeit in kochendes Wasser legen (nicht kochen lassen), in kaltem Wasser abschrecken, ent-häuten, halbieren, die Tomaten-hälften in Stücke schneiden
2 Eßl. Olivenöl	erhitzen, die Tomatenstücke darin etwa 10 Minuten dünsten lassen
1 Zwiebel	
3 Knoblauch-zehen	die beiden Zutaten abziehen, fein würfeln
4 Eßl. Olivenöl	erhitzen, Zwiebel- u. Knoblauch-würfel darin andünsten, mit
½ Glas trocke-nem Weißwein	ablöschen, gut durchdünsten lassen, zu dem Tomatenmus geben, verrühren, mit
Salz, Pfeffer	würzen
1 Eßl. gehackte Oregano-blättchen	
3 Eßl. gehackte Petersilie	unterrühren
Dünstzeit:	Etwa 15 Minuten.
Empfehlung:	Zu gegrillten Garnelen oder zu kleinen, gebratenen Fischen reichen.

Abgeschlagene Saucen

Die abgeschlagene oder, fachlich richtig, „montierte"
Sauce ist eine Buttersauce, zu deren Bindung kein Mehl
verwendet wird. Basis sind Eigelb und Butter. Zur Herstellung dieser Saucen bedarf es größter Sorgfalt und
Konzentration.

Hollandaise Noisette

200 g Butter **4 Eigelb** **6 Eßl. Weißwein**	zerlassen, etwas abkühlen lassen mit im Wasserbad so lange schlagen, bis die Masse dicklich ist, aus dem Wasserbad nehmen, die Butter nach und nach unterschlagen, die Sauce mit
Salz, Pfeffer **Zucker** **Zitronensaft**	abschmecken vor dem Servieren
2 Eßl. gemahlene Haselnußkerne **oder Walnußkerne**	hinzufügen, bis zum Verzehr im Wasserbad warm halten, damit sie nicht gerinnt
Erhitzungszeit:	Etwa 6 Minuten.
Empfehlung:	Zu Kalbfleisch, Spargel oder Fenchel reichen.

Anis-Hollandaise

(Abb. Titel-Rückseite)

200 g Butter **4 Eigelb** **6 Eßl. Weißwein**	zerlassen, etwas abkühlen lassen mit im Wasserbad so lange schlagen, bis die Masse dicklich ist, aus dem Wasserbad nehmen, die Butter nach und nach unterschlagen, die Sauce mit
Salz, Pfeffer **Zucker** **Zitronensaft** **3 Messerspitzen gemahlenen Anis** **oder 1 – 2 Eßl. Anisschnaps**	abschmecken hinzufügen, bis zum Verzehr im Wasserbad warm halten, damit sie nicht gerinnt
Erhitzungszeit:	Etwa 6 Minuten.
Empfehlung:	Zu gedünstetem Fisch, Scampi reichen.

Kresse Hollandaise

(Abb. nebenstehend)

200 g Butter **4 Eigelb** **6 Eßl. Weißwein**	zerlassen, etwas abkühlen lassen mit im Wasserbad so lange schlagen, bis die Masse dicklich ist, aus dem Wasserbad nehmen, die Butter nach und nach unterschlagen, die Sauce mit
Salz, Pfeffer **Zucker** **Zitronensaft**	abschmecken, bis zum Verzehr im Wasserbad warm halten, damit sie nicht gerinnt von
½ Kästchen Kresse	die Blättchen abschneiden, vorsichtig waschen, trockentupfen, unter die Sauce rühren, sofort servieren
Erhitzungszeit:	Etwa 6 Minuten.
Empfehlung:	Zu Fisch, Kalbslendchen oder Spargel reichen.

Hollandaise, Malteser Art

(Abb. nebenstehend)

200 g Butter	zerlassen, etwas abkühlen lassen
4 Eigelb	mit
6 Eßl. Blut-orangensaft	
	im Wasserbad so lange schlagen, bis die Masse dicklich ist, aus dem Wasserbad nehmen, die Butter nach und nach unterschlagen, die Sauce mit
Salz, Pfeffer	
Cayennepfeffer	
Zitronensaft	abschmecken, bis zum Verzehr im Wasserbad warm halten, damit sie nicht gerinnt
etwas Orangen-schale (unbe-handelt)	in feine Streifen schneiden, die Sauce damit garnieren, sofort servieren
Erhitzungszeit:	Etwa 6 Minuten.
Empfehlung:	Zu Spargel, Fenchel oder Fischgerichten reichen.

Sauce Choron

200 g Butter	zerlassen, etwas abkühlen lassen
4 Eigelb	mit
6 Eßl. Weißwein	im Wasserbad so lange schlagen, bis die Masse dicklich ist, aus dem Wasserbad nehmen, die Butter nach und nach unterschlagen, die Sauce mit

Salz, Pfeffer	
Zucker	abschmecken
2 – 3 Eßl. Toma-	
tenpüree (aus	
frischen	
Tomaten)	hinzufügen, mit
Cayennepfeffer	abschmecken, bis zum Verzehr im Wasserbad warm halten, damit sie nicht gerinnt
Erhitzungszeit:	Etwa 6 Minuten.
Empfehlung:	Zu Filetsteak oder Rumpsteak reichen.

Hollandaise Mousseline

200 g Butter	zerlassen, etwas abkühlen lassen
4 Eigelb	mit
6 Eßl. Weißwein	im Wasserbad so lange schlagen, bis die Masse dicklich ist, aus dem Wasserbad nehmen, die Butter nach und nach unterschlagen, die Sauce mit
Salz, Pfeffer	
Zitronensaft	
Worcestersauce	
Cayennepfeffer	abschmecken
	vor dem Servieren
2 Becher	
(je 150 g)	
Crème fraîche	hinzufügen, bis zum Verzehr im Wasserbad warm halten, damit sie nicht gerinnt
Erhitzungszeit:	Etwa 6 Minuten.
Empfehlung:	Zu gedämpfter Hühnerbrust, Spargel, Rumpsteak oder Rinderfilet reichen.

Hollandaise Moskowvite

200 g Butter	zerlassen, etwas abkühlen lassen
4 Eigelb	mit
6 Eßl. Weißwein	im Wasserbad so lange schlagen, bis die Masse dicklich ist, aus dem Wasserbad nehmen, die Butter nach und nach unterschlagen, die Sauce mit
Salz, Pfeffer Zucker Zitronensaft	abschmecken, bis zum Verzehr im Wasserbad warm halten, damit sie nicht gerinnt
2 Eßl. Kaviar	hinzufügen, sofort servieren
Erhitzungszeit:	Etwa 6 Minuten.
Empfehlung:	Zu allen feinen Fischgerichten reichen.

Sauce Béarnaise

200 g Butter	zerlassen, etwas abkühlen lassen
1 Zwiebel	abziehen, fein würfeln, mit
1 Eßl. gehackten Estragonblättchen	
1 Eßl. gehackten Basilikumblättchen	
½ Teel. geschrotetem, schwarzem Pfeffer	
1 Eßl. Weinessig	

2 – 3 Eßl. Weißwein	zum Kochen bringen, etwa 5 Minuten kochen lassen, etwas abkühlen lassen, mit
4 Eigelb	im Wasserbad so lange schlagen, bis die Masse dicklich ist, aus dem Wasserbad nehmen, die Butter nach und nach unterschlagen, die Sauce mit
Salz, Pfeffer Zucker	abschmecken, bis zum Verzehr im Wasserbad warm halten, damit sie nicht gerinnt
Garzeit:	Etwa 12 Minuten.
Empfehlung:	Zu gegrillten Steaks reichen.

Sauce Hollandaise

(Abb. nebenstehend)

200 g Butter	zerlassen, etwas abkühlen lassen
4 Eigelb	mit
6 Eßl. Weißwein	im Wasserbad so lange schlagen, bis die Masse dicklich ist, aus dem Wasserbad nehmen, die Butter nach und nach unterschlagen, die Sauce mit
Salz, Pfeffer Zucker Zitronensaft	abschmecken, bis zum Verzehr im Wasserbad warm halten, damit sie nicht gerinnt
Erhitzungszeit:	Etwa 6 Minuten.
Empfehlung:	Zu Spargel, Filetsteak, Artischocken, Broccoli oder Krusten- und Schalentieren reichen.

Feine Zitronensauce

70 g Butter	zerlassen, etwas abkühlen lassen
5 Eigelb	mit
abgeriebener	
Schale und Saft	
von 1 Zitrone	
(unbehandelt)	
2 Eßl. Wasser	im Wasserbad so lange schlagen, bis die Masse dicklich ist, aus dem

Wasserbad nehmen, die Butter nach und nach unterschlagen die Sauce mit

Salz	
Pfeffer	
Tabasco	würzen, bis zum Verzehr im Wasserbad warm halten, damit sie nicht gerinnt
Erhitzungszeit:	Etwa 6 Minuten.
Empfehlung:	Zu Filetbohnen, Räucherlachs oder Filetsteaks reichen.

Mayonnaise-Saucen

Viele kalte Saucen werden von der Mayonnaise abgeleitet, sie ist deshalb ein wichtiger Bestandteil der kalten Küche.

Remouladensauce

2 hartgekochte Eier	pellen, das Eigelb durch ein Sieb streichen (Eiweiß zurücklassen), mit
1 rohen Eigelb Salz	
1 Teel. Zucker	verrühren, dann tropfenweise unter Schlagen die Hälfte von
125 ml (⅛ l) Salatöl	hinzufügen, ist die Masse steif genug,
2 Eßl. Essig oder Zitronen-saft	
1 Teel. Senf	hinzufügen, dann erst den Rest des Öls unterschlagen
½ – 1 Eßl. Kapern (aus dem Glas)	sehr fein hacken
2 kleine Gewürzgurken	in feine Würfel schneiden nach Belieben
1 – 2 gewässer-te Sardellen	fein hacken
1 Teel. grünen Pfeffer	zerdrücken
2 Eßl. gemisch-te, gehackte Kräuter	
	die Zutaten zu der Mayonnaise geben, das hartgekochte Eiweiß in kleine Würfel schneiden, mit in die Sauce geben.
Empfehlung:	Zu gekochtem Fleisch oder Fisch reichen.

84

Sauce Ravigot

1 Eigelb	mit
Salz	in einer Rührschüssel mit einem Schneebesen oder einem elektrischen Handrührgerät mit Rührbesen zu einer dicklichen Masse schlagen, erst dann tropfenweise unter ständigem Schlagen
125 ml (⅛ l) Olivenöl	hinzufügen zunächst nur die Hälfte der vorgeschriebenen Ölmenge nehmen ist die Masse steif, erst
1 Teel. Zitronensaft	hinzufügen, dann den Rest des Öls unterschlagen
1 kleine Zwiebel	abziehen, sehr fein würfeln
1 Eßl. Kapern	sehr fein hacken die beiden Zutaten mit
feingeschnittenem Schnittlauch feingehackter Petersilie feingehackten Estragonblättchen feingehackten Kerbelblättchen	unter die Mayonnaise rühren, mit Salz,
Pfeffer Zitronensaft	würzen.
Empfehlung:	Zu kaltem Braten oder Aufschnitt reichen.

Aioli

4 – 5 Knoblauchzehen	abziehen, zerdrücken, mit
125 g Salatmayonnaise	verrühren, mit
Salz Pfeffer Cayennepfeffer Zitronensaft	würzen.
Empfehlung:	Zu gegrilltem Fleisch reichen.

Sauce Cambridge

(Kräutermayonnaise mit Sardellen)

4 Sardellenfilets 2 Eßl. Kapern	die beiden Zutaten sehr fein hacken, mit
4 hartgekochten Eigelb	durch ein Sieb streichen, mit
1 Eßl. englischem Senfpulver 2 Eßl. Essig 6 Eßl. Salatöl	verrühren, mit
Cayennepfeffer	abschmecken
feingehackten Dill feingehackte Estragonblättchen	unterrühren.
Empfehlung:	Zu gegrilltem Fleisch reichen oder als Salatsauce verwenden.

Aprikosensauce mit Curry

100 g Apriko-sen-Konfitüre	glattrühren, mit
100 g Salat-mayonnaise	
1 – 2 Teel. Currypulver	verrühren.
Empfehlung:	Zu kaltem Geflügel oder kaltem Braten reichen.

Italienische Mayonnaise

4 Eigelb	mit
Salz	
2 Eßl. Weinessig	
Saft von	
1 Zitrone	in einer Rührschüssel mit einem Schneebesen oder mit einem elektrischen Handrührgerät mit Rührbesen zu einer dicklichen Masse schlagen, erst dann tropfenweise unter ständigem Rühren
500 ml (½ l)	
Olivenöl	hinzufügen, mit
weißem Pfeffer	würzen.
Empfehlung:	Zu gegrilltem Fleisch, Fleischspießen, gebratenem Fisch reichen.

Dillsauce

2 – 3 Eßl. Mayonnaise (Rezept S. 26)	mit
2 Teel. Sahne	
1 Teel. Essig	verrühren
2 Bund feingehackten Dill	unterrühren, mit
Salz	
Zucker	würzen.
Empfehlung:	Zu Fischdelikatessen reichen oder als Salatsauce verwenden.

Knoblauchmayonnaise

4 Eigelb	mit
Salz	
Saft von	
1 Zitrone	in einer Rührschüssel mit einem Schneebesen oder mit einem elektrischen Handrührgerät mit Rührbesen zu einer dicklichen Masse schlagen, erst dann tropfenweise unter ständigem Rühren
500 ml (½ l)	
Olivenöl	hinzufügen
2 Knoblauchzehen	abziehen, zerdrücken, unter die Mayonnaise rühren.
Empfehlung:	Zu gekochtem Fisch reichen.

Zwiebelmayonnaise

6 Eßl. Weißwein	mit
1 Eßl. Zwiebelwürfel	zum Kochen bringen, so lange kochen lassen, bis keine Flüssigkeit mehr vorhanden ist, erkalten lassen, die Zwiebelwürfel mit
2 – 3 Eßl. Mayonnaise (Rezept S. 26)	verrühren, mit
Salz	
Pfeffer	würzen.
Empfehlung:	Zu kalten Eierspeisen oder gegrilltem Fleisch reichen.

Sauerampfercreme

70 g Sauer-
ampfer verlesen, die Stiele entfernen, die Sauerampferblätter vorsichtig abspülen, abtropfen lassen, in Streifen schneiden

3 Schalotten abziehen, fein würfeln
1 Eßl. Butter
oder Margarine zerlassen, die Schalottenwürfel darin etwa 5 Minuten dünsten lassen, die Sauerampferstreifen hinzugeben (einige in Streifen geschnittene Blätter zurücklassen), etwa 5 Minuten mitdünsten, erkalten lassen

1 Eigelb mit
1 Teel.
Zitronensaft
Salz
weißem Pfeffer zu einer dicklichen Masse schlagen, darunter nach und nach

125 ml (⅛ l)
Salatöl schlagen, den gedünsteten Sauerampfer und die zurück-gelassenen Sauerampferstreifen hinzufügen, pürieren

1 Eßl. Sahne unterrühren
Dünstzeit: Etwa 10 Minuten.
Empfehlung: Zu pochierten Eiern reichen.

Quarkmayonnaise

1 Eigelb	**mit**
Salz	
1 Eßl. Zitronen-	
saft	in einer Rührschüssel mit einem Schneebesen oder mit einem elektrischen Handrührgerät mit Rührbesen zu einer dicklichen Masse schlagen, erst dann tropfenweise unter ständigem Schlagen
125 ml (⅛ l)	
Salatöl	hinzufügen
125 g Speise-	
quark	durch ein Sieb streichen, mit
2 – 3 Eßl. Sahne	verrühren, eßlöffelweise in die Mayonnaise rühren, mit
Salz, Pfeffer	
Zucker	
Zitronensaft	würzen.
Empfehlung:	Als Füllung für Tomaten oder Gurken und als Salatmayonnaise verwenden.

Tiroler Senf

1 Eigelb	**mit**
Salz	in einer Rührschüssel mit einem Schneebesen oder mit einem elektrischen Handrührgerät mit Rührbesen zu einer dicklichen Masse schlagen, erst dann tropfenweise unter ständigem Schlagen
125 ml (⅛ l)	
Salatöl	hinzufügen zunächst nur die Hälfte der vorgeschriebenen Ölmenge nehmen ist die Masse steif,
1 Teel. Zitro-	
nensaft	hinzufügen, dann den Rest des Öls unterschlagen
2 Eßl. Tomaten-	
mark	
feingehackte	
Petersilie	unterrühren, mit
Salz, Pfeffer	
Zitronensaft	
Zucker	würzen.
Empfehlung:	Zu gegrilltem Rind-, Kalb- oder Lammfleisch, hartgekochten Eiern und zu Gemüse reichen.

Sauce tatare

4 Schalotten	
oder Zwiebeln	abziehen, fein würfeln
2 Teel. Kapern	sehr fein hacken
2 Eßl. gehackte	
Kräuter (z. B.	
Petersilie, Dill,	
Kerbel)	
	die Zutaten mit
2 – 3 Eßl.	
Mayonnaise	
(Rezept S. 26)	verrühren, mit
Salz	würzen.
Empfehlung:	Zu gegrilltem Fleisch, Fisch reichen oder als Salatsauce verwenden.
Tip:	Noch aromatischer wird die Sauce, wenn die Schüssel vorher mit einer abgezogenen Knoblauchzehe ausgerieben wird.

Salatsaucen Dressings und Salat-Marinaden

Salatsaucen, Dressings und Salatmarinaden veredeln Blatt-, Gemüse- und Fleischsalate. Die Zugabe von Zitrone erhöht die Vitaminfülle und unterstützt den Eigengeschmack des Salates.

Salatsauce mit Pimpinelle

(Abb. nebenstehend)

3 Eßl. Salatöl	mit
3 Eßl. Essig	
1 Teel. mittel-scharfem Senf	verrühren, mit
Salz, Pfeffer	
Zucker	würzen
2 – 3 Eßl. fein-gehackte Pim-pinelleblätt-chen	unterrühren, die Soße mit einigen
Pimpinelle-blättchen	bestreuen. Salatsauce mit Pimpinelle eignet sich für Pflück- oder Eissalat.

Meerrettichsauce

3 Eßl. Crème fraîche	mit
1 Eßl. Apfelmus	
1 Teel. geriebe-nem Meerret-tich	verrühren, mit
frisch gemahle-nem Pfeffer	
Salz	würzen. Meerrettichsauce eignet sich für Endivien-, Kopf-, Tomaten- und Sellerie-Salate.

Kalifornische Sauce

60 g Doppel-rahm-Frisch-käse	mit einer Gabel zerdrücken
125 ml (⅛ l) Sahne	eßlöffelweise unterrühren
4 Eßl. Tomaten-Ketchup	
2 Spritzer Worcestersauce	
1 Teel. Zitro-nensaft	
1 Teel. flüssige Paprikawürze	
1 Spritzer Tabasco	unterrühren, mit
Salz	
Pfeffer	
Zucker	würzen.

Rotwein-Kräuter-Sauce

2 hartgekochte Eier	pellen, halbieren, das Eiweiß fein hacken, das Eigelb mit
1 rohen Eigelb	
125 ml (⅛ l) Salatöl	
2 Eßl. Kräuter-essig	
½ Teel. gemah-lenem weißem Pfeffer	

1 Eßl. feinge-hackten Estra-gonblättchen	
1 – 2 Eßl. fein-gehackter Petersilie	
3 Eßl. Rotwein	verrühren, das gehackte Eiweiß unterrühren, mit
Salz, Zucker	würzen. Rotwein-Kräuter-Sauce eignet sich für Blatt-Salate, Tomaten-, Bohnen- und Paprikaschoten-Salate.

Vinaigrette

1 kleine Zwiebel	abziehen, in Würfel schneiden
2 hartgekochte Eier	pellen, kleinhacken
4 Cornichons	in feine Würfel schneiden
einige Kapern	hacken
3 Eßl. Salatöl	mit
1 Teel. Essig-Essenz (25%)	
1 Teel. mittel-scharfem Senf	verrühren, die zerkleinerten Zutaten hinzufügen, mit
Salz	
Pfeffer	würzen, nach Belieben
gehackte Kräuter	unterrühren. Vinaigrette eignet sich für Blatt-, Gemüse-, Fleisch- und Fisch-Salate.

Luau-Sauce

Etwa 200 g fein-
geraspelte
Ananas (z. B.
Crushed Pine-
apple, aus der
Dose)   abtropfen lassen, den Saft
auffangen

2 Eßl. Ananas-
saft   erhitzen
3 gestrichene
Eßl. braunen
Zucker   darin auflösen, mit den
Ananasraspeln,
2 Eßl. Essig   verrühren, mit
¼ Teel.
Knoblauchsalz
Cayennepfeffer
½ Teel. gemah-
lenem schwar-
zem Pfeffer
Tabasco   würzen.
Luau-Sauce eignet sich für
Fleisch-, Wild-, Fisch- und Käse-
Salate.

Cumberlandsauce, pikant

1 Apfelsine
(unbehandelt)
1 Zitrone
(unbehandelt)   beide Zutaten heiß waschen,
abtrocknen, hauchdünn schälen,
die Schale in sehr feine Streifen
schneiden, mit

1 abgezogenen,
gewürfelten
Schalotte oder
kleinen Zwiebel   in
3 Eßl. Rotwein   zum Kochen bringen, kochen
lassen, bis der Rotwein verkocht
ist, erkalten lassen, mit

250 g rotem
Johannisbeer-
gelee   verrühren
1 – 2 Teel. Senf   mit
1 Eßl. Portwein
1 Eßl. Apfelsi-
nensaft   verrühren, in die Sauce geben, mit
Ingwerpulver
Salz
Cayennepfeffer   würzen.

Kräutersauce

1 Zwiebel   abziehen, würfeln, mit
3 – 4 Eßl.
Salatöl
1 – 2 Eßl.
Kräuteressig   verrühren, mit
Salz
Pfeffer
Zucker   würzen
1 – 2 Eßl. ge-
hackte Kräuter
(z. B. Petersilie,
Kerbel, Estra-
gon, Borretsch,
Zitronen-
melisse)   unterrühren.
Kräutersauce eignet sich für Blatt-
und Endiviensalate.

Hamburger Salatsauce

2 Eßl. Mayonnaise	mit
2 Eßl. Essig	
3 Eßl. Sahne oder Dosenmilch	
2 Eßl. gehacktem Dill	
2 Eßl. gehackten Estragonblättchen	verrühren, mit
Paprika edelsüß	
Salz	
schwarzem Pfeffer	würzen.

Hamburger Salatsauce eignet sich für Gurken- und Gemüsesalate.

Pikante Joghurtsauce

1 Becher (150 g) Joghurt	mit
2 – 3 Eßl. Apfelsinensaft	verrühren, mit
Salz	
Pfeffer	würzen
1 Eßl. gehackte Walnußkerne	unterrühren.

Pikante Joghurtsauce eignet sich für Sellerie-, Blatt- und Chicorée-Salate.

Sahnesauce
(Abb. nebenstehend)

125 ml (⅛ l) Sahne	mit
1 Teel. Zitronensaft	
1½ Eßl. Zucker	verschlagen, mit
Salz	würzen
gehackte Kräuter	nach Belieben unterrühren.

Sahnesauce eignet sich für Kopfsalate.

Roquefortsauce

1 – 2 Eßl. Roquefort-Käse	durch ein Sieb streichen, mit
4 Eßl. Sahne	
2 Eßl. Essig	verrühren
½ Apfel	schälen, vierteln, entkernen, reiben, unterrühren, mit
Salz, Pfeffer	würzen.

Roquefortsauce eignet sich für Chicorée- und Endiviensalat.

Dill-Joghurt-Sauce
(Abb. Titel-Rückseite)

1 Becher (150 g) Joghurt	mit
1 Eßl. Mayonnaise	
1 Eßl. feingehacktem Dill	verrühren, mit
Salz, Pfeffer	
Zucker	würzen.

Grüne Sahnesauce

125 ml (⅛ l) Sahne	steif schlagen, mit
2 gehäuften Eßl. Mayonnaise	
2 – 3 Eßl. Essig Saft von 1 Zitrone	verrühren
1 Bund Petersilie	
1 Bund Dill	die Kräuter waschen, fein hacken, mit
1 Teel. Sardellenpaste	
1 gestrichenen Teel. Zucker	unter die Sauce rühren. Grüne Sahnesauce eignet sich für Chicorée-, Sellerie-, Möhren-, Schwarzwurzel- und Kopfsalate.

Grüne Sauce

(Abb. nebenstehend)

4 hartgekochte Eier	pellen, halbieren, das Eiweiß hacken, beiseite stellen, das Eigelb mit einer Gabel zerdrücken, mit
2 Eßl. Speiseöl	verrühren
1 Becher (150 g) Crème fraîche	unterrühren
10 Spinatblätter	waschen, in
kochendes Wasser	geben, zum Kochen bringen, 2 – 3 Minuten kochen, abtropfen

	lassen, fein hacken
1 Zwiebel	abziehen, fein würfeln
	beide Zutaten mit

**3 Eßl. feinge-
schnittenem
Schnittlauch
1 Eßl. gehack-
ten Zitronenme-
lisseblättchen
1 Eßl. gehack-
ten Pimpinelle-
blättchen
1 Eßl. gehack-
ten Borretsch-
blättchen
1 Eßl. gehack-
tem Dill
1 Eßl. gehack-
ten Kerbel-
blättchen
1 Eßl. gehack-
ten Estragon-
blättchen
1 Eßl. gehack-
ten Basilikum-
blättchen
1 Eßl. gehack-
ter Petersilie** in die Eier-Crème-fraîche-Masse
geben, mit

**1 Teel. Senf
4 – 6 Eßl. Sahne** verrühren, das gehackte Eiweiß,
1 – 2 Eßl. Essig unterrühren, mit
**Salz
Pfeffer** würzen.
Grüne Sauce zu gekochtem Rindfleisch oder pochierten Eiern und
zu Gemüsesalaten reichen.

Pikante Senfsauce

2 Äpfel	schälen, halbieren, entkernen, reiben, mit
Zitronensaft	beträufeln
2 hartgekochte Eier	pellen, halbieren, das Eigelb durch ein Sieb streichen, mit
1 Becher (150 g) Crème fraîche	
4 Teel. mittelscharfem Senf	verrühren, mit
Salz	
Cayennepfeffer	würzen.

Pikante Senfsauce eignet sich für Fisch- und Fleisch-Salate.

Dressing für die Salat-Saison

6 Eßl. Mayonnaise	mit
1 Eßl. gehackter Petersilie	
1 Eßl. gehackter Kresse	
2 Eßl. Ananassaft	
2 Eßl. Essig	
2 Eßl. Sherry medium	verrühren, mit
Salz	
Pfeffer	
Zucker	würzen.

Thousand-Island-Sauce

(Abb. nebenstehend)

3 Eßl. Salatmayonnaise	mit
½ Teel. Paprika edelsüß	
1 Eßl. Essig	
2 Tropfen Tabasco	
3 – 4 Eßl. Milch	
1 – 2 Eßl. feingehackter roter Paprikaschote	verrühren, mit
feingeschnittenem Schnittlauch	bestreuen.

Thousand-Island-Sauce eignet sich für Blatt-Salate, Spargel-, Wirsing-, Sellerie- und Champignon-Salate.

Eiersauce

2 Eßl. Salatöl	mit
1 Eßl. Essig	
1 rohen Eigelb	
1 Teel. scharfem Senf	verrühren, mit
Salz, Pfeffer	würzen
feingehackten Dill oder feingehackte Petersilie	unterrühren.

Eiersauce eignet sich für Blatt-, Gurken- und Gemüse-Salate.

Feine Preiselbeersauce

Etwa 200 g Preiselbeer-kompott (aus dem Glas) durch ein Sieb streichen oder im Mixer pürieren, mit

3 Eßl. Salat-mayonnaise abgeriebener Schale von ½ Apfelsine (unbehandelt) 1 Teel. schar-fem Senf 1 – 2 Teel. Zitro-nensaft 2 Eßl. Apfel-sinensaft verrühren, mit geschrotetem weißem Pfeffer Salz würzen. Feine Preiselbeersauce eignet sich für Wild- und Fleisch-Salate.

Specksauce

75 g Speck in Würfel schneiden, auslassen, bis die Speckwürfel kroß sind

2 Eßl. Rot-weinessig mit Salz Pfeffer verrühren, mit dem Salat vermengen, die Speckwürfel über den Salat geben, sofort servieren. Specksauce eignet sich für Kopf-, Endivien- und Gemüse-Salate.

Crème fraîche-Sauce

1 Becher (150 g) Crème fraîche mit 2 – 3 Eßl. Milch verrühren, mit Salz Pfeffer Zucker würzen 2 Eßl. gehackte Kräuter (z. B. Petersilie, Schnittlauch, Estragon, Zitronen-melisse) unterrühren. Crème fraîche-Sauce eignet sich für Blattsalate.

French Dressing

3 Eßl. Salatöl mit 2 Eßl. Essig 2 Eßl. Rotwein 1 Eßl. Senf verrühren, mit Salz Pfeffer Zucker würzen 1 – 2 Eßl. ge-hackte Kräuter (z. B. Petersilie, Schnittlauch, Kerbel, Estragon) unterrühren. French Dressing eignet sich für Blatt-, Kohl- und Fischsalate.

Sonstige kalte Saucen

Viele Saucen mit einem exotischen Charakter, die nicht zu den „klassischen kalten Saucen" zählen, wie z. B. Mayonnaisen oder Salatsaucen/Dressings, werden hier gewürdigt. Die Zubereitungsarten sind sehr unterschiedlich.

Sauce Bozano

3 hartgekochte Eier	pellen, Eigelb durch ein Sieb streichen (Eiweiß zurücklassen), tropfenweise unter ständigem Rühren
3 Eßl. Olivenöl	hinzufügen
2 Eßl. Kräuteressig	
1 Eßl. saure Sahne	
1 Teel. Senf	unterrühren
feingehackte, gemischte Kräuter (z. B. Petersilie, Schnittlauch, Bohnenkraut)	
1 Eßl. feingehackte Zwiebel	
1 Eßl. feingehackte Gewürzgurke	
2 Stück feingehackte Sardellenfilets	hinzufügen, das hartgekochte Eiweiß fein hacken, unterrühren die Sauce mit
Salz Pfeffer Weißwein Cayennepfeffer Knoblauchsalz	würzen.
Empfehlung:	Zu kaltem Braten oder gekochten Artischocken reichen.

Kräuterschaumsauce

200 ml (⅕ l) Schlagsahne	so lange schlagen, bis eine dickliche Creme entstanden ist
6 Eßl. gemischte, gehackte Kräuter (z. B. Petersilie, Schnittlauch, Dill, Kresse)	unterrühren, mit
Salz Pfeffer	würzen.
Empfehlung:	Zu Salaten, z. B. Kartoffel-, Kopf-, Feld- oder Römischer Salat verwenden.

Cumberlandsauce

Schale von 1 Apfelsine (unbehandelt)	von der weißen Haut befreien, in sehr feine Streifen schneiden, in etwa 10 Minuten in weich kochen lassen, kalt stellen
3 Eßl. Rotwein 250 g Johannisbeergelee	mit
1 – 2 Teel. Senf	gut verrühren, die erkalteten Apfelsinenstreifen mit dem Rotwein hinzufügen, die Sauce mit
Salz Zitronensaft	würzen.
Empfehlung:	Zu Wildbraten, Pasteten oder kaltem Bratenfleisch reichen.

Zitronensauce

(Abb. oben)

1 Becher (150 g) Crème fraîche	mit
2 Eßl. Joghurt abgeriebener Schale von 1 Zitrone (unbehandelt)	verrühren, mit
Salz, Pfeffer Zucker	würzen
1 – 2 Eßl. feingehackte Zitronenmelisseblättchen	unterrühren.
Empfehlung:	Zu gedünsteten Zuckererbsen oder mariniertem Gemüse reichen.

Diavolosauce, kalt

2 Schalotten oder Zwiebeln 1 Eßl. Weinessig	abziehen, sehr fein würfeln, mit zum Kochen bringen, zur Hälfte einkochen, erkalten lassen, mit
1 Eßl. Senf 1 Eßl. Olivenöl	verrühren die Sauce mit
Salz Pfeffer	würzen
Kochzeit:	2 – 3 Minuten.
Empfehlung:	Zu Steaks reichen oder als Salatsauce verwenden.

Mexikanische Sauce

2 reife Avocados	halbieren, entsteinen, das Fruchtfleisch herauslösen, mit einer Gabel zerdrücken, mit
4 Eßl. Tomatenmark	verrühren
1 mittelgroße Zwiebel	abziehen, fein reiben, hinzufügen
3 Eßl. Olivenöl Salz Chilipulver gemahlenem Koriander	unterrühren, mit würzen
2 Eßl. Essig	hinzufügen
1 Eßl. eingeweichte Rosinen	sehr fein hacken, unter die Sauce rühren, nach Belieben mit Salz, Chilipulver abschmecken.
Empfehlung:	Zu Grillgerichten, Fleischfondues oder zu kaltem Kalbsbraten reichen.

Senfsauce mit Oliven

12 grüne Oliven 12 schwarze Oliven	halbieren, entkernen, sehr fein hacken
3 Knoblauchzehen	abziehen, zerdrücken
2 Eßl. Senf	mit
1 Eßl. feingehackter Petersilie	in eine Schüssel geben, unter ständigem Rühren tropfenweise
3 – 4 Eßl. Olivenöl Saft von 1 Zitrone	hinzufügen, Oliven und Knoblauch unterrühren die Sauce mit
Salz Pfeffer	würzen.
Empfehlung:	Zu gegrillten Würstchen, als Dip oder zum Fleischfondue reichen.

Stachelbeersauce

500 g Stachelbeeren	von Stiel und Blüte befreien, waschen, gut abtropfen lassen, mit
1 – 2 Eßl. Wasser	zum Kochen bringen, weich dünsten lassen, durch ein Sieb streichen, mit
2 Eßl. Speiseöl 3 Eßl. Sherry	verrühren die Sauce mit
Salz Zucker geriebener Muskatnuß Cayennepfeffer	würzen
Dünstzeit:	10 – 12 Minuten.
Empfehlung:	Zu gebratenem Geflügel oder gebratenem Kalbfleisch reichen.

Joghurt-
Creme-Sauce

½ Becher (75 g)
Crème fraîche   mit
½ Becher (75 g)
Joghurt
1 Teel. Salatöl

1 Eßl. Essig   verrühren
1 Knoblauch-
zehe   abziehen, zerdrücken,
unterrühren, mit
Salz, Pfeffer   würzen
1 Eßl. feinge-
schnittenen
Schnittlauch   unterrühren.
Empfehlung: Zu Folienkartoffeln reichen.

Mandel-Joghurt-Dressing

3 Becher (je 150 g) Joghurt	abtropfen lassen
3 hartgekochte Eier	pellen, fein hacken
60 g abgezogene, gemahlene, leicht geröstete Mandeln	
	das Joghurt mit
2 Teel. Dijon-Senf	verrühren, Eier, Mandeln,
2 Eßl. Olivenöl	unterrühren, mit
Salz	
frisch gemahlenem Pfeffer	
Zucker	würzen.
Empfehlung:	Zu Fleischfondue oder Thunfisch reichen.

Schnittlauch-Radieschen-Sauce

1 Eßl. Mayonnaise (aus dem Glas oder Rezept S. 26)	mit
1 Becher (150g) Joghurt	glattrühren
1 Bund Radieschen	putzen, waschen, sehr fein hacken
1 Bund Schnittlauch	waschen, trockentupfen, sehr fein

	schneiden
	beide Zutaten in die Sauce rühren, mit
Salz	
Pfeffer	
Paprika edelsüß	würzen.
Empfehlung:	Zu Fondue oder Kartoffeln in Folie reichen.

Teufelssauce

(Abb. nebenstehend)

2 hartgekochte Eier	pellen, das Eigelb durch ein Sieb streichen, nach und nach
Salz	
2 Eßl. Salatöl	
1 Eßl. Senf	
1 Teel. Essig-Essenz (25%) oder 1 Eßl. Zitronensaft	
1 Teel. Zwiebelwürfel	
Pfeffer	
Zucker	
1 Teel. gehackte Estragonblättchen	
1 Eßl. geriebenen Apfel	
3 Eßl. Rotwein	
½ Teel. Tabasco	unterrühren. Teufelssauce zu Sülze oder kaltem Roastbeef reichen.
Veränderung:	Die Sauce mit geschnittenem Schnittlauch bestreuen.

Vinaigrette, pikant

(Abb. nebenstehend)

3 Eßl. Salatöl	mit
2 – 3 Eßl. Wein-	
essig	
1 Teel. Senf	
1 kleinen abge-	
zogenen,	
gewürfelten	
Zwiebel	
2 hartgekoch-	
ten, gehackten	
Eiern	
4 feingewürfel-	
ten Cornichons	
1 – 2 Bund ge-	
hackter Peter-	
silie	
einigen gehack-	
ten Kapern	verrühren, mit
Salz, Pfeffer	würzen.
Empfehlung:	Zu kaltem Rindfleisch oder gedünstetem Gemüse reichen.

Himbeer-Essig-Sauce

3 Eßl. Himbeer-	
Konfitüre	mit
5 Eßl. Tomaten-	
saft	
2 Eßl. Kräuter-	
essig	verrühren.
Empfehlung:	Zu kaltem Schweinebraten reichen.

Rotweinsauce

1 Bund Schnitt- lauch	waschen, gut abtropfen lassen, fein schneiden
1 Knoblauch- zehe	abziehen, zerdrücken die Zutaten mit
3 – 4 Eßl. Wein- essig **100 ml trocke- nem Rotwein** **3 – 4 Eßl. Speiseöl** **½ Teel. Salz** **1 Teel. süßem Senf** **1 Teel. Honig** **1 Messerspitze gerebeltem Thymian**	in eine Flasche oder ein Glas mit Schraubverschluß füllen, gut durchschütteln, mit
Salz **Zucker**	würzen.
Empfehlung:	Zu kaltem Fleisch reichen oder als Salatsoße verwenden.
Anmerkung:	Diese Sauce hält sich kühl gelagert etwa 1 Woche.

Meerrettich-Sahne

(Abb. nebenstehend)

125 ml (⅛ l) Schlagsahne **2 Eßl. geriebe- nem Meerret- tich**	steif schlagen, mit

1 Eßl. Zitronen- saft **Salz** **Zucker**	verrühren, mit würzen, nach Belieben
1 Eßl. Preisel- beerkompott	unterrühren.
Empfehlung:	Zu Fleisch-Fondue oder gebackenem Schinken reichen.

Tomatencreme

(Abb. nebenstehend)

2 kleine Zwiebeln	abziehen, fein würfeln
2 Eßl. Olivenöl	erhitzen, die Zwiebelwürfel darin glasig dünsten lassen
3 Eßl. Tomaten- mark	unterrühren, etwa 1 Minute mitdünsten, erkalten lassen, mit
75 g Mayon- naise **½ Becher (75 g) Crème fraîche** **½ Teel. flüssi- ger Paprika- würze** **1 Spritzer Tabasco**	verrühren
1 abgezogene Tomate	halbieren, den Stengelansatz herausschneiden, die Tomate entkernen, das Tomatenfleisch in feine Streifen schneiden, unterrühren, mit
Salz, Zucker	würzen.
Empfehlung:	Zu Fleisch-Fondue oder gegrilltem Fleisch reichen.

Mandarinensauce

(Abb. oben)

Etwa 75 g Man-darinenspalten	sehr klein schneiden
1 Eigelb	mit
1 Eßl. Sahne	
1 Teel. Zitro-nensaft	verrühren, darunter eßlöffelweise
125 ml (⅛ l) Salatöl	schlagen, mit den Mandarinen-stücken,
½ Teel. Curry-pulver	
25 g abgezoge-nen, gehackten Mandeln	verrühren, mit
Salz, Zucker	würzen.
Empfehlung:	Zu Fleisch-Fondue reichen.

Cognacsauce

1 Eigelb	mit
Salz	in einer Rührschüssel mit einem Schneebesen oder mit einem elektrischen Handrührgerät mit Rührbesen zu einer dicklichen Masse schlagen, erst dann tropfenweise unter ständigem Schlagen
125 ml (⅛ l) Speiseöl	hinzufügen zunächst nur die Hälfte der vorgeschriebenen Ölmenge nehmen ist die Masse steif, erst
3 – 4 Eßl. Cognac	
1 Eßl. feingehackte Kapern	
Kapernsaft	hinzufügen, dann den Rest des Öls hinzugeben die Sauce mit Salz,
Worcestersauce	würzen.
Empfehlung:	Zu Fleischfondue oder gegrilltem Fleisch reichen.

Zigeunersauce, kalt

8 Eßl. Tomaten-Ketchup	mit
2 Teel. scharfem Senf	
4 Eßl. Speiseöl	verrühren
5 Sardellenfilets	fein hacken
1 Zwiebel	abziehen, fein würfeln die Zutaten mit

feingehackter Petersilie	unter die Sauce rühren, mit
Salz	
Pfeffer	
Rosenpaprika	würzen die Sauce mit
feingeschnittenem Schnittlauch	bestreuen.
Empfehlung:	Zu Grillfleisch, Hackbraten oder Rumpsteak reichen.

Casanovasauce

2 hartgekochte Eigelb	mit einer Gabel fein zerdrücken, mit
3 – 4 Eßl. Mayonnaise (aus dem Glas oder Rezept S. 26)	
4 Eßl. Kondensmilch	glattrühren, mit
Salz	
Pfeffer	
Zucker	würzen
1 Teel. gehackte Estragonblättchen	
4 Eßl. kleingeschnittene Trüffel (aus der Dose)	vorsichtig unterheben.
Empfehlung:	Zu geräuchertem Lachs, Schweinelendchen oder Kalbsmedaillons reichen.

Buttermischungen

Buttermischungen werden nicht nur hergestellt, um Canapés oder Sandwiches geschmacklich zu vollenden, sondern dienen auch als Beigabe zu gebratenem oder gegrilltem Fleisch oder Fisch.

Kräuterbutter

125 g Butter	geschmeidig rühren
2 Teel. feingehackte Petersilie	
1 Teel. feingehackte Zwiebelwürfel	
6 feingehackte Estragonblättchen	
1 abgezogene, zerdrückte Knoblauchzehe	
1 Teel. Zitronensaft	
Weißwein	
4 Spritzer Worcestersauce	hinzufügen, mit der Butter verrühren, mit
Salz	abschmecken.
Empfehlung:	Zu Steaks oder auch zu Fisch oder gegrillten Kartoffeln reichen.

Tomatenbutter

125 g Butter	geschmeidig rühren
1 Teel. Tomatenpüree	hinzufügen, cremig rühren, mit
Zucker, Salz Zitronensaft	abschmecken, nach Belieben
feingehackte Petersilie	hinzufügen, mit der Butter verrühren.
Empfehlung:	Zu Hacksteaks reichen.

Dillbutter

125 g Butter	geschmeidig rühren
6 Eßl. gehack-ten Dill	hinzufügen, mit der Butter verrühren, mit
Salz	
weißem Pfeffer	abschmecken.
Empfehlung:	Zu gegrilltem Lachs oder gedünstetem Fisch reichen.

Paprikabutter

(Ohne Abb.)

125 g Butter	geschmeidig rühren
3 Eßl. in sehr kleine Würfel geschnittene Paprikaschoten	hinzufügen, mit der Butter verrühren, mit
Salz	abschmecken.
Empfehlung:	Zu Schweinesteaks oder gegrilltem Schweinenacken reichen.

Zitronenbutter

(Ohne Abb.)

125 g Butter	geschmeidig rühren
1 – 2 Zitronen (unbehandelt)	mit heißem Wasser abwaschen, abtrocknen, dünn schälen, die Schale in sehr kleine Würfel schneiden, hinzufügen, mit der Butter verrühren.
Empfehlung:	Zu gekochtem Fisch reichen.

117

Fenchel-Mandel-Butter

125 g Butter	geschmeidig rühren
1 Teel. abgezogene, feingehackte Mandeln	
1 Teel. feingehackten Fenchel	hinzufügen, mit der Butter verrühren, mit
Zitronensaft	abschmecken.
Empfehlung:	Zu Weinbergschnecken reichen.

Senfbutter

125 g Butter	geschmeidig rühren
2 Teel. Senf	
Saft von ½ Zitrone	hinzufügen, mit der Butter verrühren, mit
Salz	abschmecken.
Empfehlung:	Zu Rindersteaks oder Hacksteaks reichen.

Schnittlauchbutter

125 g Butter	geschmeidig rühren
6 Eßl. feingeschnittenen Schnittlauch	hinzufügen, mit der Butter verrühren, mit
Salz	
weißem Pfeffer	abschmecken.
Empfehlung:	Zu Schweinesteaks oder gegrilltem Fischfilet reichen.

Knoblauchbutter für Weinbergschnecken

125 g Butter	geschmeidig rühren
1 Teel. feingehackten Dill	hinzufügen, mit der Butter verrühren, mit
1 Teel. zerdrücktem Knoblauch	
Salz	
Paprika edelsüß	abschmecken.

Meerrettichbutter

125 g Butter	geschmeidig rühren
3 Eßl. geriebenen Meerrettich (aus dem Glas)	hinzufügen, mit der Butter verrühren, mit
Salz	abschmecken.
Empfehlung:	Zu Forelle blau oder gekochtem Fisch reichen.

Mandelbutter

60–70 g abgezogene Mandeln	durch die Mandelmühle drehen oder mit ein paar Tropfen Wasser im Mixer pürieren
125 g Butter	geschmeidig rühren, die Mandeln hinzufügen, mit der Butter verrühren, mit
Salz	abschmecken.
Empfehlung:	Zu gegrilltem Kalbssteak oder Lammrücken reichen.

Zwiebelbutter

(Abb. oben)

125 g Butter	geschmeidig rühren
4 Eßl. rote Zwiebelwürfel	hinzufügen, mit der Butter verrühren, mit
Salz weißem Pfeffer	abschmecken.
Empfehlung:	Zu Hacksteaks oder gebratenem Roastbeef reichen.

Petersilienbutter

125 g Butter	geschmeidig rühren
6 Eßl. feinge-hackte Peter-silie	

1 Eßl. Aquavit	hinzufügen, mit der Butter verrühren, mit
Salz Rauchsalz 1 Eßl. Zitronen-saft	abschmecken.
Empfehlung:	Zu Lammkeule oder Lammsteaks reichen.

Olivenbutter

50 – 60 g schwarze Oliven	entkernen, pürieren
125 g Butter	geschmeidig rühren, mit den Oliven verrühren.
Empfehlung:	Zu Rumpsteaks oder Rindersteaks reichen.

Sardellenbutter

125 g Butter	geschmeidig rühren
5 kleingehackte Sardellenfilets	
10 g Sardellenpaste (aus der Tube)	
2 Teel. Zwiebelwürfel	hinzufügen, mit der Butter verrühren.
Empfehlung:	Zu gekochtem oder gedünstetem Fisch reichen.

Pistazienbutter

70 g Pistazien	abziehen, durch die Mandelmühle drehen oder mit ein paar Tropfen Wasser im Mixer pürieren
125 g Butter	geschmeidig rühren, mit den Pistazien verrühren, mit
Salz	
Pfeffer	abschmecken.
Empfehlung:	Zu gebratenem Heilbutt oder gekochtem Fisch reichen.

Eigelbbutter

125 g Butter	geschmeidig rühren
4 hartgekochte Eier	pellen, das Eigelb durch ein Sieb streichen
1 kleine Zwiebel	abziehen, fein würfeln

gehackte Petersilie

	die Zutaten zu der Butter geben, verrühren, mit
Salz	abschmecken.
Empfehlung:	Zu gegrilltem Fisch oder als Brotaufstrich (ohne Beilage) reichen.

Currybutter

125 g Butter	geschmeidig rühren
1 Eßl. Currypulver	hinzufügen, mit der Butter verrühren, mit
Salz	abschmecken.
Empfehlung:	Zu gegrillten Hähnchenkeulen oder gebratenem Fischfilet reichen.

Walnußbutter

125 g Butter	geschmeidig rühren
30 g Walnußkerne	fein hacken, hinzufügen, mit der Butter verrühren, mit
frisch gemahlenem schwarzem Pfeffer	würzen.
Empfehlung:	Zu Reh- oder Filetsteaks oder als Brotaufstrich reichen.

Grillsaucen und Dips

Was wäre eine Grillkartoffel, ein noch so leckeres, auf den Punkt gebratenes Steak, ein Fondue ohne die Auswahl von würzigen Grillsaucen oder Dips.

Pikante Kräutercreme

(Abb. nebenstehend)

1 Becher (150 g) Crème fraîche	mit
2 Eßl. Weißwein	verrühren, kurz aufkochen lassen, mit
Salz	
Pfeffer	
Speisewürze	
Worcestersauce	würzen
1 Eßl. gehackte Kräuter	
1 Teel. feinge- hackte Haselnußkerne	unterrühren.
Empfehlung:	Zu gegrilltem Fisch und Fleisch reichen.

Kräuter-Dressing

1 Becher (150 g) Crème fraîche	mit
2 Eßl. gemisch- ten, gehackten Kräutern	
3 Eßl. Tomaten- Ketchup	verrühren, mit
Salz	
Pfeffer	
Zucker	
Paprika edelsüß	würzen.
Empfehlung:	Zu Kopf-, Chicorée- und Gemüsesalaten, zu Salatgurken oder als Dip zu Fleisch-Fondue reichen.

Basilikumsauce

4 Tomaten (etwa 250 g)	kurze Zeit in kochendes Wasser legen (nicht kochen lassen), in kaltem Wasser abschrecken, enthäuten, die Stengelansätze herausschneiden, die Tomaten vierteln, entkernen, pürieren
2 Gläser (je 200 g) Joghurt-Salatcreme	
3 Bund gehackte Basilikumblättchen	mit dem Tomatenpüree,
125 ml (⅛ l) Schlagsahne	verrühren, mit
frisch gemahlenem Pfeffer	würzen die Sauce in einer Schüssel anrichten, mit
Basilikum	garnieren.
Empfehlung:	Zu gegrilltem Fleisch reichen.

Senfrahm mit Dill

1 – 2 Eßl. Senf	mit
1 Becher (150 g) saurer Sahne	
4 Eßl. feingehacktem Dill	verrühren, mit
Salz	
Pfeffer	würzen
1 Teel. Korn oder Gin	unterrühren.

Senfsauce Dijon

2 Eigelb	mit
2 Eßl. Dijon-Senf	
Salz	
frisch gemahlenem Pfeffer	
1 Eßl. Zitronensaft	verschlagen
125 ml (⅛ l) Salatöl	unter ständigem Schlagen zuerst tropfenweise hinzufügen, dann den Rest in größeren Mengen dazugeben
4 Eßl. Schlagsahne	unterrühren die Sauce mit Senf, Salz, Pfeffer abschmecken
2 Bund gehackte Petersilie	unterrühren.
Empfehlung:	Zu gegrilltem Fleisch reichen.

Senf-Sahne-Sauce

125 ml (⅛ l) Schlagsahne	½ Minute schlagen
2 Teel. Senf	unterrühren, mit
Salz	
Pfeffer	würzen
1 Eßl. Zitronensaft	unter Rühren hinzufügen.
Empfehlung:	Zu grünem Salat, Feld-, Radicchio- und Endiviensalat oder zu Rohkost-Salaten reichen.

Ingwer-Curry-Dressing

1 Becher (150 g) Joghurt	abtropfen lassen
15 g frische Ingwerwurzel	schälen, reiben, mit dem Joghurt,
1 Teel. Currypulver	
½ Teel. gemahlenem Koriander	
1 Teel. Honig	
1 Teel. Dijon-Senf	
1 Eßl. Ingwer-Konfitüre gemahlenem Zimt	verrühren, mit
Salz	abschmecken.
Empfehlung:	Zu Salaten, gegrilltem Fleisch und Fondue reichen.
Veränderung:	Anstelle von frischem Ingwer 2 Teel. Ingwerpulver verwenden.

Kräuter-Joghurt-Dressing

2 Becher (je 150 g) Joghurt	abtropfen lassen
2 große Schalotten oder Zwiebeln (etwa 50 g)	abziehen, sehr fein würfeln
1 mittelgroße Knoblauchzehe	abziehen, zerdrücken, die Zutaten mit
1 Bund gehacktem Dill 1 Bund gehackter glatter Petersilie 1 Bund gehackten Basilikumblättchen 3 Eßl. Zitronensaft 3 Eßl. Olivenöl Salz frisch gemahlenem Pfeffer	verrühren, mit
Zucker	würzen.
Empfehlung:	Zu Salaten, gegrilltem Fleisch und Fondue reichen.

Dip Gourmet

1 Becher (150 g) Crème fraîche	mit
1 Eßl. Tomaten-Ketchup 1 Eßl. feingeschnittenem Schnittlauch	verrühren
½ Camembert (etwa 100 g)	in feine Würfel schneiden, unterrühren, mit
Salz Pfeffer	würzen.

Quark-Dip mit Schinken

100 g Mager-quark	mit
4 Eßl. Butter-milch	verrühren
100 g Lachs-schinken	in kleine Stücke schneiden
1 Eßl. gemisch-te, gehackte Kräuter	
	beide Zutaten unter den Quark rühren, mit
frisch gemahle-nem Pfeffer Knoblauchsalz	würzen.

Bunter Quark-Dip

150 g Mager-quark	mit
4 Eßl. Butter-milch	verrühren
1 kleine Tomate	kurze Zeit in kochendes Wasser legen (nicht kochen lassen), in kaltem Wasser abschrecken, enthäuten, halbieren, den Stengelansatz herausschneiden, die Tomate entkernen
1 Sardelle 2 Oliven	
	die drei Zutaten sehr fein schneiden, mit

2 Teel. Zwiebel-würfeln	vermengen, unter den Quark rühren, mit
Salz frisch gemahle-nem Pfeffer gehackten Thymian-blättchen	würzen.

Dip Milano

(Abb. nebenstehend)

1 mittelgroße Zwiebel	abziehen
5 Scheiben (etwa 50 g) Salami	
	beide Zutaten in feine Würfel schneiden, mit
1 Becher (150 g) Crème fraîche	verrühren, mit
Salz Paprika edelsüß	würzen.

Dip Bombay

1 mittelgroßen Apfel	schälen, vierteln, entkernen, in kleine Würfel schneiden, mit
1 Becher (150 g) Crème fraîche 2 Eßl. Milch 1 Teel. Curry-pulver	verrühren, mit
Salz, Pfeffer	würzen.

Quark-Dip mit Preiselbeeren

200 g Mager-quark	mit
5 Eßl. Milch	verrühren
2 Eßl. Preisel-beeren	
2 Teel. Senf	
	beide Zutaten unter den Quark rühren, mit
Salz, Zucker	würzen.
Empfehlung:	Zu kaltem Rindfleisch oder Geflügel reichen.

Kräuter-Dip

3 – 4 Eßl. gemischte, ge-hackte Kräuter	
3 Sardellen-filets	
1 Eßl. Kapern	
10 spanische Oliven, mit Paprika gefüllt	
	die Zutaten sehr fein hacken, mit
3 Eigelb	
1 Teel. schar-fem Senf	
1 – 2 Eßl. Obstessig	verrühren, mit
Salz, Pfeffer	würzen
5 Eßl. Salatöl	unterrühren
2 enthäutete Tomaten	halbieren, entkernen, die

Stengelansätze herausschneiden, die Tomaten in Würfel schneiden, mit

3 – 4 Eßl. gemischten, gehackten Kräutern	unter die Eigelbmasse rühren.
Empfehlung:	Auf in Alufolie gegarte Kartoffeln füllen.

Käse-Dip mit Oliven

50 g Edelpilz-käse	mit einer Gabel zerdrücken, mit
200 g Frisch-käse	
4 – 5 Eßl. Milch	
2 Eßl. Tomaten-mark	gut verrühren
8 spanische Oliven, mit Paprika gefüllt	in Scheiben schneiden
1 kleine, grüne Paprikaschote	halbieren, entstielen, entkernen, die weißen Scheidewände entfernen, die Schote waschen
2 enthäutete Tomaten	vierteln, entkernen, die Stengelansätze herausschneiden
4 Cornichons	Paprikaschote, Tomaten, Cornichons in kleine Würfel schneiden die Zutaten unter die Käsemasse rühren, mit
Salz Cayennepfeffer	abschmecken.
Empfehlung:	Zu Staudensellerie reichen.

Dessertsaucen

Puddings, Cremes, Eisspeisen und süße Aufläufe werden durch Dessertsaucen erst vollkommen. Von der Apfelsauce bis zum Zitronenschaum gibt es viele köstliche Varianten von süßen Saucen.

Flambierte Himbeersauce

4 Eßl. Zucker   in einer Flambierpfanne unter Rühren so lange erhitzen, bis er gelöst ist, leicht karamelisieren lassen

300 g tiefgekühlte oder frische verlesene Himbeeren   hinzufügen (tiefgekühlte auftauen lassen), so lange unter Rühren erhitzen, bis eine dickliche Sauce entstanden ist

6 Eßl. Weinbrand   in einer Suppenkelle erwärmen, anzünden, brennend zur Sauce geben, servieren, sobald die Flamme erloschen ist.

Empfehlung: Zu Vanilleeis oder Vanillepudding reichen.

Erdbeersauce

250 g Erdbeeren   waschen, abtropfen lassen, entstielen, durch ein Sieb streichen, mit dem

Saft von ½ Zitrone
50 g gesiebten Puderzucker   verrühren, nach und nach hinzufügen, so lange weiterrühren, bis eine dickliche Sauce entstanden ist.

Empfehlung: Zu Vanillepudding und Cremes reichen.

Pistaziensauce

(Abb. nebenstehend)

6 Eigelb   schaumig schlagen, nach und nach

200 g gesiebten Puderzucker   hinzufügen

100 g gemahlene Pistazienkerne   unterrühren, nach und nach

500 ml (½ l) kochende Milch   hinzufügen, so lange schlagen, bis eine dickliche Masse entstanden ist

Erhitzungszeit: Etwa 15 Minuten.
Empfehlung: Zu Pudding oder Eis reichen.

Brombeersauce

250 g Brombeeren   verlesen, waschen, in wenig Wasser kurze Zeit erhitzen, durch ein feines Sieb streichen unter das Brombeermus

100 ml Rotwein
1 Eßl. Zucker abgeriebene Schale von ¼ Apfelsine (unbehandelt) gemahlenes Piment   rühren, erhitzen (nicht kochen lassen) die Sauce mit

Weinbrand Angostura bitter   abschmecken, erkalten lassen.
Empfehlung: Zu Vanillepudding und helle Cremespeisen reichen.

Zitronenschaum

½ Päckchen
Soßen-Pulver
Vanille-Ge-
schmack   mit
60 g Zucker
1 Ei
1 Eigelb
125 ml (⅛ l)
Wasser   in einen kleinen Kochtopf geben, gut verschlagen, im Wasserbad so lange mit einem Schneebesen schlagen, bis eine dicke Kochblase aufsteigt (nicht kochen lassen)

3 – 4 Eßl. Zitro-
nensaft   mit einem Holzlöffel unterrühren
Erhitzungszeit: Etwa 15 Minuten.
Empfehlung: Zu süßen Aufläufen reichen.

Kirschsauce

250 g Sauer-
kirschen   waschen, entstielen, entsteinen, in einen Topf geben

250 ml (¼ l)
Rotwein
100 g Zucker
1 Stück Zitro-
nenschale
(unbehandelt)
Salz   hinzufügen, unter Rühren zum Kochen bringen, etwa 15 Minuten kochen lassen, den Topf von der Kochstelle nehmen, die Fruchtmischung durch ein Sieb

streichen, einmal aufkochen lassen

2 Teel. Speise-
stärke   mit
1 – 2 Eßl. kal-
tem Wasser   anrühren, die Flüssigkeit damit binden
die Sauce mit

1 – 2 Eßl.
Kirschwasser   abschmecken, heiß oder kalt servieren.
Empfehlung: Zu Pudding oder Eis reichen.

Aprikosensauce

250 g Apriko-
senkompott   durch ein Sieb streichen, mit
Zitronensaft   verrühren, nach und nach
50 g gesiebten
Puderzucker   hinzufügen, mit
Aprikosen-
schnaps   abschmecken.
Empfehlung: Zu Vanillepudding oder Eis reichen.

Johannisbeersauce

250 g Johannis-
beergelee   verrühren, einmal aufkochen lassen, durch ein Sieb streichen, mit

1 Teel.
Kirschwasser
oder Weinbrand   abschmecken.
Empfehlung: Zu Crêpes oder Buchteln reichen.

Apfelsauce

250 g Äpfel	schälen, halbieren, entkernen, in Stücke schneiden, mit
125 ml (⅛ l) Weißwein	
50 g Zucker	zum Kochen bringen, im geschlossenen Topf gar dünsten lassen
	den Topf von der Kochstelle nehmen, die Äpfel durch ein Sieb streichen, von der Kochflüssigkeit so viel unter das Apfelpüree rühren, bis eine dickliche Sauce entstanden ist, die Sauce kalt servieren.
Empfehlung:	Zu Rohrnudeln oder Mohnstrudel reichen.

Fruchtsaftsauce

125 ml (⅛ l) Fruchtsaft	mit
125 ml (⅛ l) Wasser	zum Kochen bringen
6 g (3 gestrichene Teel.) Speisestärke	mit
2 Eßl. kaltem Wasser	anrühren, in die von der Kochstelle genommene Flüssigkeit rühren, kurz aufkochen lassen, kalt stellen, ab und zu durchrühren
	die kalte Sauce mit
Zitronensaft	und nach Belieben mit
Zucker	abschmecken.
Empfehlung:	Zu Pudding oder süßen Aufläufen reichen.

Orangensauce

125 g Orangen-Marmelade	
125 g Aprikosen-Konfitüre	die beiden Zutaten durch ein Sieb streichen, mit dem
Saft von ½ Orange	verrühren, nach und nach
50 g gesiebten Puderzucker	hinzufügen, mit
Kirschwasser	abschmecken.
Empfehlung:	Zu Buchteln oder süßen Aufläufen reichen.

Apfelsinensauce

2 Eiweiß	steif schlagen
250 ml (¼ l) Schlagsahne	steif schlagen, Sahne und Eierschnee vorsichtig vermengen nach und nach
100 – 150 g gesiebten Puderzucker	unterrühren
2 Teel. abgeriebene Apfelsinenschale (unbehandelt)	vorsichtig unterheben
4 Eßl. Apfelsinensaft	
3 Eßl. Rum	
2 – 3 Eßl. Orangenlikör	unterrühren.
Empfehlung:	Zu karamelisierten Bananen reichen.

Himbeer- oder Heidelbeersauce

250 g Himbeeren oder Heidelbeeren	sorgfältig verlesen (Heidelbeeren waschen), durch ein Sieb streichen, mit dem
Saft von ½ Zitrone	verrühren, nach und nach
50 g gesiebten Puderzucker	hinzufügen, so lange weiterrühren, bis eine dickliche Sauce entstanden ist.
Empfehlung:	Zu Vanillepudding oder Eis reichen.

Karamelsauce

2 Teel. Speisestärke	mit 1 – 2 Eßl. von
250 ml (¼ l) kalter Milch	anrühren, die übrige Milch mit 1 Eßl. von
50 g Zucker	in einen Kochtopf geben, zum Kochen bringen, mit
Salz	würzen den restlichen Zucker in einer Pfanne unter Rühren so lange erhitzen, bis er gelöst ist, leicht karamelisieren lassen, mit
2 Eßl. kaltem Wasser	ablöschen, in die kochende Milch rühren
1 Päckchen Vanillin-Zucker	unterrühren den Topf von der Kochstelle

nehmen, die angerührte Speisestärke unter Rühren hineingeben, kurz aufkochen lassen

1 Eigelb	mit etwas von der heißen Sauce verschlagen, unter ständigem Schlagen in die Sauce geben, nochmals erhitzen (nicht kochen lassen)
1 Teel. Butter	hinzufügen, in der Sauce zerlassen, die Sauce heiß oder kalt servieren.
Empfehlung:	Zu Pies reichen.

Vanillesauce, gekocht

(Abb. nebenstehend)

1 Päckchen Soßen-Pulver Vanille-Geschmack	mit
50 g Zucker 1 Päckchen Vanillin-Zucker	mischen, mit 5 Eßl. von
750 ml (¾ l) kalter Milch	anrühren
1 Ei	unterrühren, die übrige Milch zum Kochen bringen die angerührte Mischung unter Rühren in die von der Kochstelle genommene Milch geben, kurz aufkochen lassen, kalt stellen, ab und zu durchrühren.
Empfehlung:	Zu Schokoladenpudding oder Schokoladeneis reichen.

Rotweinsauce

1 schwach gehäuften Eßl. Speisestärke mit
2 gestrichenen Eßl. Zucker
2 Eßl. kaltem Wasser anrühren
125 ml (⅛ l) Wasser mit
1 Stück Stangenzimt
2 – 3 Tropfen Backöl Zitrone zum Kochen bringen, von der Kochstelle nehmen, die angerührte Speisestärke unter Rühren hineingeben, kurz aufkochen lassen (Zimt herausnehmen)
125 ml (⅛ l) Rotwein unterrühren
die Sauce kalt stellen, ab und zu durchrühren.
Empfehlung: Zu gedünsteten Birnen reichen.

Sahne-Schokoladen-Sauce

1 Päckchen Soßen-Pulver für Schoko-ladensoße mit
1 gut gehäuften Eßl. Kakao

2 schwach gehäuften Eßl. Zucker mischen, mit 3 Eßl. von
250 ml (¼ l) kalter Milch anrühren, die übrige Milch zum Kochen bringen, das Soßen-Pulver unter Rühren in die von der Kochstelle genommene Milch geben, kurz aufkochen lassen, kalt stellen, ab und zu durchrühren
125 ml (⅛ l) Schlagsahne steif schlagen, unter die erkaltete Sauce heben.
Empfehlung: Zu Eierpfannkuchen oder Vanilleeis reichen.

Sherry-Sahne-Sauce

1 Eigelb mit
1 schwach gehäuften Eßl. Zucker schaumig rühren
2 Eßl. trocke-nen Sherry
1 Eßl. Zitronen-saft hinzufügen
2 Eßl. steif-geschlagene Schlagsahne unterheben, kurz vor dem Servieren
1 Eßl. abgezo-gene, gehobel-te, gebräunte Mandeln über die Sauce streuen
die Sauce erst kurz vor dem Servieren zubereiten.
Empfehlung: Zu Obstsalat oder Eisdessert reichen.

Weinschaumsauce (Chaudeau)

1 Ei mit
2 Eigelb
1 gestrichenen
Eßl. Speise-
stärke
50 g Zucker
250 ml (¼ l)
Weiß- oder
Apfelwein
abgeriebener
Schale von
½ Zitrone
(unbehandelt)
1 Eßl. Zitronen-
saft in einen kleinen Kochtopf geben,
gut verschlagen, im Wasserbad so
lange mit einem Schneebesen
durchschlagen, bis eine dicke
Kochblase aufsteigt (nicht kochen
lassen)

Erhitzungszeit: Etwa 20 Minuten
die Sauce erkalten lassen.

Empfehlung: Über Cremespeisen geben oder zu
Pistazien- oder Erdbeereis reichen.

Schokoladensauce

100 g bittere Schokolade	in kleine Stücke brechen, in einem kleinen Topf im Wasserbad zu einer geschmeidigen Masse verrühren, etwas abkühlen lassen
250 ml (¼ l) Schlagsahne	dickflüssig schlagen, die Schokolade unterrühren die Sauce nach Belieben mit
Zucker Rum	abschmecken.
Empfehlung:	Zu Palatschinken oder Eis reichen.

Brandysauce

1 Teel. Speisestärke	mit 1 – 2 Eßl. von
125 ml (⅛ l) Milch	anrühren
2 Eßl. Zucker	hinzufügen die restliche Milch zum Kochen bringen, den Topf von der Kochstelle nehmen, die angerührte Speisestärke unter Rühren hineingeben, kurz aufkochen lassen
2 Eigelb	mit etwas von der heißen Sauce verschlagen, unter ständigem Schlagen in die Sauce geben, nochmals erhitzen (nicht kochen lassen)
1 – 2 Eßl. Weinbrand	unterrühren.
Empfehlung:	Zu Apfelstrudel oder Birnenkompott reichen.

Nußsauce

125 ml (⅛ l) Schlagsahne	mit
1 gehäuften Eßl. Zucker 1 Päckchen Vanillin-Zucker	fast steif schlagen
1 Becher (150 g) Joghurt 2 Eßl. gemahlene, leicht geröstete Haselnußkerne	unterrühren.
Empfehlung:	Zu Obstsalat reichen.

Stachelbeersauce mit Anis

500 g reife grüne Stachelbeeren	von Stiel und Blüte befreien, waschen
125 ml (⅛ l) Wasser	mit
50 g Zucker	zum Kochen bringen, die Stachelbeeren hinzufügen, etwa 15 Minuten dünsten lassen (bis sie zerfallen), durch ein Sieb streichen, erkalten lassen
½ Teel. gehackten Anissamen abgeriebene Schale von 1 Zitrone (unbehandelt) Zitronensaft	unterrühren.
Empfehlung:	Zu Puddingen reichen.

Alphabetisches Register